文字小讲

青少版

汉字里的古代博物

许进雄 著

湖南文艺出版社
HUNAN LITERATURE AND ART PUBLISHING HOUSE

小博集
BOOKY KIDS

文字小讲青少版

出版说明

陈寅恪先生说过："凡解释一字，即是作一部文化史。"作为世界上四大文明古国之一，中国的文字有着数千年的发展历史，见证了不同时期的社会变迁。了解中国文字的发展过程，对于了解中华民族的发展，推敲文化、制度、环境等社会变迁，传承与弘扬中华文化，具有重要意义。为此，许多汉语言学家、甲骨文学家、文字学家孜孜以求，以严谨、科学的态度对中国文字进行深入研究和考证。许进雄先生就是其中一位。

许先生是著名的文字学家、甲骨文权威学者，专精于甲骨文研究，曾受聘于加拿大多伦多皇家安大略博物馆，发现以甲骨钻凿形态为标准的断代法，被安阳博物馆甲骨展厅评为对甲骨学有重大贡献的二十五名学者之一，著有《简明中国文字学》《文物小讲》《中国古代社会》等专业论著。

"文字小讲青少版"系列脱胎于许先生荣获2016年

"中国好书"的著作《文字小讲》，本系列围绕"服饰""出行""居住""人体""农事""娱乐""工艺""器物"8个主题讲解了100个中国文字的前世今生，用通俗易懂的语言阐述了造字创意、产生缘由、字形和字义的演变等方面内容，将文字背后的社会、政治、文化、制度、世人生活、地域风俗等历史图景展现在青少年读者眼前，揭露文字的秘密。

在编辑过程中，为了帮助青少年读者更容易理解文字的源由，我们在作者原书的基础上参考了《辞海》《现代汉语词典》"中国科学院"官方网站等资料，不仅对一些生僻字做了注音，还增加了注释和"知识链接"模块，补充了相关知识，争取为青少年读者提供更好的阅读体验。

本系列中除了作者提供的大量珍贵的文物图片，包括实物图、拓印图、原貌复原图等，我们还根据每篇的主要内容，增加了趣味彩图，在拓宽知识面的同时，还增加了阅读的趣味性。

编者

自序

　　我的朋友赖永松，二〇〇八年在PChome^①的报台开辟了一个部落格，名为"一日一言"，用像是新诗的短句，抒发令人深思的人生经验与哲理。另一个朋友杨风更经营四个部落格，发表不同领域的作品，也勤于创作油画。朋友们每周一次在杨风的住处聚会聊天，顺便欣赏他的画作。有一天我做了一个梦，梦到赖永松拿来一堆打算出版的文稿要我写序。其文稿图文并茂，显然是我把对赖兄的文章与杨兄的画作的印象合而为一，在梦中显现。我记得我用甲骨文的"强"字来评论赖兄的文章。甲骨文的"强"字由弓与口组成（　　），强调反弹力强的弓难于拉满，只能拉成像嘴巴的样子。就如同赖兄的文章虽短，却句句有力道，有哲理，令人回味无穷。第二天我把梦境的内容在他的部落格上留言，他的读者竟然就纷纷问起我有关中国文字的问题。借用赖兄的部落格回答

---

① PChome：台湾的一种购物网站。

了几次以后，网友就建议我干脆也开辟一个部落格讲说有关中国文字的内容。杨兄也鼓励我设立，并答应为我设计版面，上传文章。本来我打算把部落格的站名叫"文字小讲"，因为我出版过一本有关中国文物的小书，在大陆出版时被改名为《文物小讲》。没有想到当我把写好的文章寄给他，请他上传时，杨兄已然替我注册为"殷墟书卷"，并把台主的名字定为"殷墟剑客"，也介绍我为：

　　一个右手持剑，左手拿着古文物，口衔甲骨文的游子，从加拿大枫树林里的博物馆归来……

　　第一篇文章于十一月十日刊登了。杨兄不但催生我的部落格，也介绍他的网友来捧场，所以很快就热闹起来，每篇都有不少的留言，我也忙着应答。开始的时候大致一个星期发表一篇，有时也接受网友的建议，介绍他们想了解的字。但二〇一二年时，我因为家里有些状况，不能不回加拿大处理，再也没有时间与心情为部落格撰写文章，起先是速度缓慢下来，终于完全停笔了。

　　这些网络文章是针对大众所写，不是学术性的，所以我想尽量写得轻松、简易而有趣。不过，每一篇也都费了我不少的心思与构想，写作的态度也是严谨的，有学术根据的。文章所讲的内容，大部分是取材自我出版过的几本著作，但也有些未发表的新说。我本来随兴而写，并没有出版的企图。停刊后，有网友几次劝我发表它，而我也想，如果有出版社愿意给予出版，何乐而不为！于是寄给台湾商务印书馆的编辑部，不想立刻就得到接受的回复。

在部落格发表时，为了增加美感，每篇文章都附有一张文物的照片。有些器物是与讨论的内容有关的，就给予保留。至于和内容完全无关的，就删掉以减少篇幅。文字也多少做了些修改，使前后的风格趋于一致。盼望此纸本形式的出版可以让没有网络的人也读到。至于内容，当然希望读者不吝指教，或许以后还有可以改进的机会。最后，要感谢我的书法家朋友薛平南教授为此书题字，增光良多。

许进雄

二〇一三年七月二十日于台北旅居

目录

CONTENTS

文字小讲青少版

工艺篇

器物篇

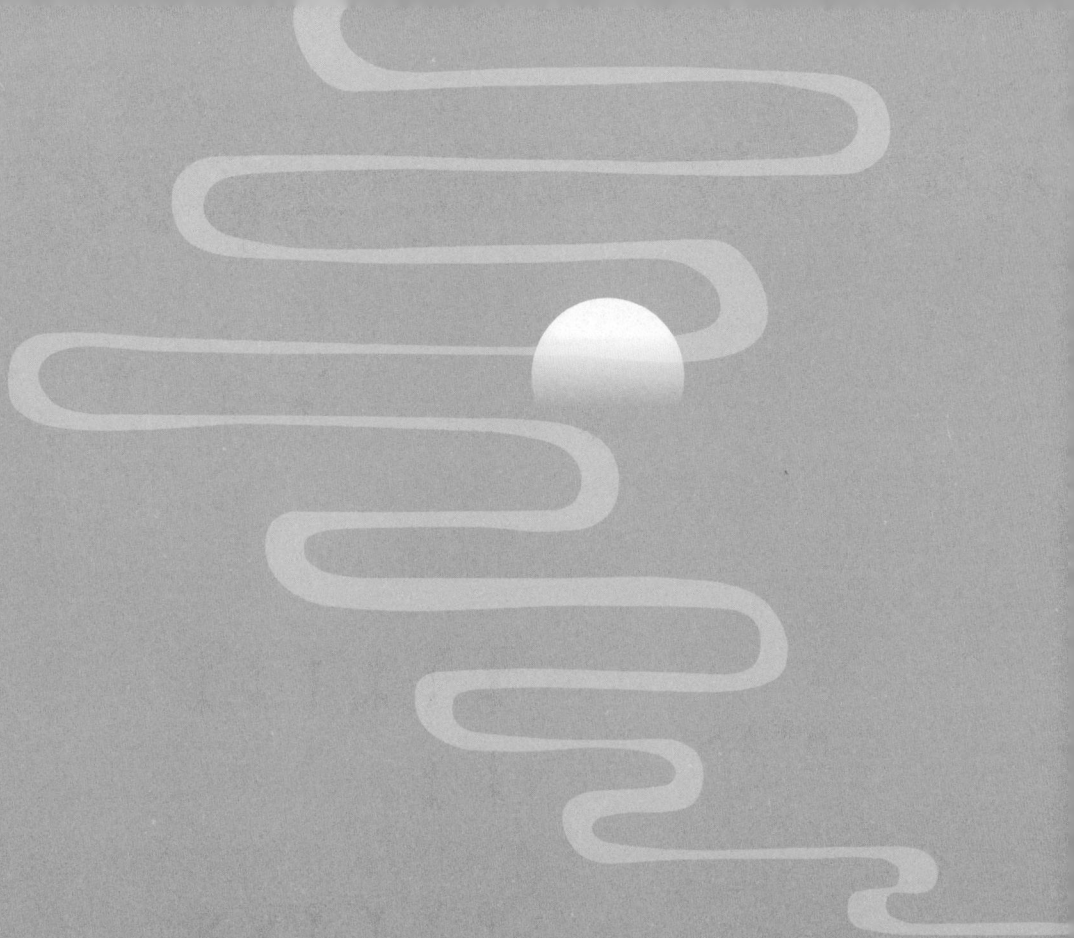

工艺篇

一 文 字 小 讲 青 少 版 一

mù

木

象一株树形。

◆ 字形变化 ◆

商甲骨文

两周金文

秦小篆

现代楷书

木

注：本书附有如该页的甲骨文以来字形演变的简要示例图栏。字形之旁加
注的英文字母，s 代表小篆字形，z 代表籀（zhòu）文，k 代表古文，h 代
表其他书体。没有注明的则为《说文》没有清楚说明的。为节省篇幅，以
后篇幅中不再对此加以注明。

甲骨文的“木”字，作一株有根、干及枝丫的树形（ [illegible] ）。对远古的人来说，除了摘取其果子或叶子之外，没有太大的利用价值。到了新石器时代，就开始有了新的用途。人类制作石器，最先都是拿在手里使用的。石块表面粗糙不平且有棱角，打击时的反弹力容易使手掌受伤。如果绑在一根木棍上使用，不但可以增加挥动的砍击力量，也减少反弹受伤的缺点，大大增加使用的价值。甲骨文的“斤”字，就作一把捆缚在木柄上的石或青铜伐木工具形状（ [illegible] ）。

利用树木的枝丫做工具的握柄之后，接着就利用树干制造器物。独木舟是居住于河畔水涯者所需，可以利用火与斧头简单地制作。如要做更进一步的应用，就要想办法把木干截断成一定的长度、宽度与厚度。在甲骨文中，"折"字表现用斧头把树木砍断成二截之状（🔣 🔣）。这种操作方式可以截取合适的长度与宽度。"析"字则表现以斧头将树干做纵向的切割（🔣 🔣）。这个方法可以切出不同厚薄的木板。有了这两种技术，大部分的箱、柜、几、床等器物都可以做得了。

浙江余姚河姆渡六千三百年前的遗址，发现了木器的残件，不但已裁制成薄板，且进步到带有榫卯以及企口板（图二）。榫（sǔn）[1]是木板一端作凸出状，卯（mǎo）是挖出方、圆等不同形式的孔洞以套接另一构件——凸出的榫头，使两块材料连接成有规律而牢固的形状。在新石器时代，这是非常进步的木材连接方式。其他的遗址发现的，一般是用绳索把两段木头捆绑起来，使表面不平，有碍观瞻[2]。企口板则是在木板两侧凿出企口来，以容纳另一块有梯形截面的木板，紧密衔接后成不见隙缝的平面，技术更是高超。

树的种类多而性质多样。虽然各种性质的木料都可以被利用来制造适当的器物，但一般来说，坚硬的木料比较耐用而美观。坚硬的木料需要锐利的工具，商代的青铜工具还不

---

① 榫：竹、木、石制器物或构件上利用凹凸方式相接处的凸出部分。如无特别说明，本书脚注均为编者注。
② 观瞻：瞻望、注视的意思。

易加工木料，要等到普遍使用铁器的东周时代，才能迅速大量制作，便于做商品性的推广，举凡食具、家具、武器、乐器、墓葬、日常用具，应有尽有。

同时，木材大半朴素无花纹，或纹理不显目，上了漆之后，才显得出其令人喜爱的色彩和光泽。中国利用生漆应有五千年以上的历史。浙江余姚河姆渡和江苏常州圩墩的五千五百年前遗址，都出土了涂有保护料的木器。经红外光谱分析，证实是生漆彩绘。甲骨文虽不见"桼"（漆）字，从东周时代的字形可看出其创意是一株树的外皮被割破而汁液流出之状（桼）。

漆液取自漆科木本植物的树干，主要成分是漆醇，经过脱水加工提炼成深色黏稠状的液体。漆层的溶剂蒸发后成为薄膜。空气越潮湿越容易凝固，凝固后具有高度抗热和抗酸的效果。打磨后更能映照光线。漆干燥后呈黑色，如果加入丹朱则呈红色。调和其他矿物或植物的染料和油，更能调出各种浓淡的色彩。早期的漆常见涂于陶器、石器、皮革、青铜器等不太需要保护的器物。想见古人利用漆，最初是借重其光泽，后来才发现有增加木器耐用性的性能。

图一　新石器时代的木柄石斤

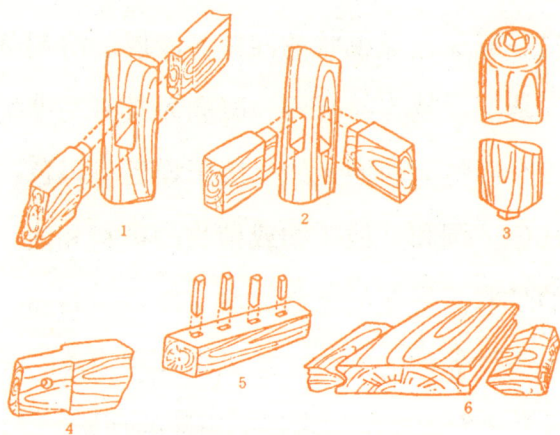

图二　河姆渡遗址出土的具有榫卯的木构件

táo

陶

一人蹲坐而以陶拍制作陶器之状。

◆ 字形变化 ◆

商甲骨文

两周金文

秦小篆

现代楷书

匋①

---

① 匋："陶"的古字。

　　泥土经火高温烧结而硬化的东西叫陶。泥土遍地都是，且能脏污他物，但一经过火的洗礼，却巧妙地变成可以盛食物、装饰空间，令人喜爱的东西。人类虽然在几十万年前就能控制火，但是根据目前的资料，中国人最早知道烧造陶器。江西万年仙人洞的陶片，碳 –14 法年代测定距今一万六千四百四十加减一百九十年，校正后的年代为公元前一万八千零五十至一万七千二百五十年。所以有一万五千年以上的烧造历史应不成问题。

　　陶器初以盛水为目的，后来才推广到煮食、盛食、储藏、装饰、展示等其他广泛的用途。陶器的储水功能使人们不必太靠近河流居住，扩大活动的范围，增加觅得食物的机会，并过定居的生活。人们发现低洼的地点有泉水涌出，可以提供生活必需的水，终于能在广阔的大地建立村落与都市，使人类文明进一步提高。故有人以陶器的使用，标示告别旧石器时代而进入新石器时代。

烧造陶器的必要材料是黏土。甲骨文的"土"字作一土堆状（ ），土堆常作上下尖小而中腰肥大，有的还加上几点水滴。松散的土堆一定是呈上小下大的锥形。只有黏土才能作中腰粗大的形状，故知"土"字的创意取材于黏土，有黏性的土才能捏塑陶器。"土"字的黏土创意是基于其可捏塑而烧结成器具的价值。商代的"陶"字，作一个蹲踞^①的人，手拿着陶拍一类的工具，在黏土上造型的样子（ ），金文演变成 ，就容易辨识是"匋"（陶）字了。

虽然泥土皆可烧造陶器，但质量好坏大有差别。半坡、河姆渡等新石器时代以来的人们，就有意识地精选材料，用淘洗的方法除去泥中的沙粒、草根、石灰等杂质。万年仙人洞遗址的陶器已有含沙的，陶器发明后不久，人们就以之烹煮食物，领会掺杂细沙于泥中以帮助陶器传热，防止因骤热骤冷导致收缩过快而破裂的缺点。陶器最先是在露天烧

---

① 蹲踞：张开双腿蹲着。

制。因烧成的温度低，陶器常烧结不完全，质地松而脆。约八千年前的新郑裴李岗遗址，就有横穴式的陶窑。但火焰要经过一段上升的火道才接触陶坯，使热量在传导中散失。后来改良成竖直式的陶窑，火焰可直接透过火眼接触陶坯，提高烧成的质量。商代早期的红陶已提高到一千摄氏度。稍后改良成有烟道的圆形窑，烧结温度更提高到可以熔化铁的一千五百多摄氏度。这种高温的陶窑为金属业的发展提供了有利的条件。

商代以前的陶器呈色有红、灰、黑三种。红陶是氧化焰烧成的，灰陶是还原焰烧成的。黑陶则是于烧焙的后期，用烟熏法进行渗碳的结果。一般说，时代越晚，陶窑的构筑越进步，红陶的烧造就越少，商代灰陶已占陶器生产总量的百分之九十了。

商代还烧造硬陶，其中有少数又涂上石灰釉，或草灰掉落在陶胎上烧成薄层的釉，使粗糙的表面润滑并有光泽。商代硬陶的质量已提高到含氧化亚铁少于百分之三，薄层的釉彩加上高温，使胎骨呈较深的灰白色，含有一定量的玻璃质，胎骨比较坚实，吸水率很低，叩之声音悦耳，成为汉代青釉硬陶及青瓷的雏形。只要陶土淘洗更精细，并提高烧结的温度，就可以达到瓷的标准了。中国在陶艺上的造诣，为之博来瓷器国的称号。

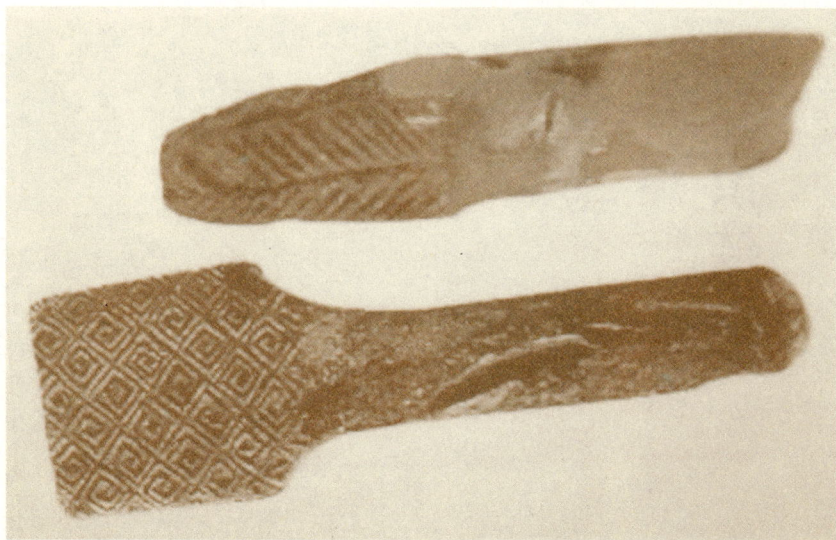

图一 两面刻纹木制陶拍

面长六至七厘米，宽五至六厘米，厚一至二厘米，把长约十三厘米

商代中期到晚期，公元前十五世纪至公元前十一世纪

知
识
链
接

瓷器国

　　瓷器是瓷质的器皿，是中国古代的伟大发明之一。中国瓷器主要有青瓷、白瓷和彩瓷等品种。

　　随着时代的发展，我国的制瓷技术不断改进。宋代时出现了"五大名窑"——汝窑、官窑、定窑、哥窑和钧窑，这五个窑出产的瓷器各具特色，色彩多变。元代时景德镇开始烧制成熟的釉里红瓷器。唐宋以来，瓷器大量出口海外，被世界熟知，成为中华文化的象征。慢慢地，中国也被称为"瓷器国"。

jīn

金

已组合之立体多片泥模范及溅出之金属液。

◆ 字形变化 ◆

两周金文

$↓$

秦小篆

$↓$

现代楷书

金

　　人类制造工具的材料，约经过三个发展的阶段，由石而青铜而铁。在提高生产力，改变社会面貌的程度上，金属使用对社会的影响是石器所不能望其项背^①的，奠基了今日的辉煌文明。当人们对石器制作的要求越来越高时，自然会有意寻求优良的石材。自然界存在着金、银、铜等金属状态的矿物，这些材料与一般的石块有非常不同的性质，带有光泽，可以捶打成薄片，拉成长条，耐用而且不易断折，还可以黏

---

① 望其项背：项，颈的后部。望见对方的颈项和后背，比喻追得上、赶得上。

合及改造，因此留意找寻而发现冶金术似乎是理所当然的。

发现冶金术的契机一定是火使矿石所起的变化。起码要八百摄氏度以上的高热才能把同时含有铜、锡、铅的矿石熔解成青铜。产生这样的高热并不是在正常的情况下能办得到的。好几种假说都没有合理地解释高温与矿石接触的契机。从实际理论看，要利用能产生高温的陶窑才能熔解铜矿。关键就在于，何以古代的人们会想到使用陶窑来烧烤成堆的石块？也许发明冶金术的契机是个永远不能被解答的谜。

青铜依其合金成分的不同，可以铸成不同颜色、硬度、韧度的东西，以适应不同的需要。对古人来说，利用青铜的锐利可以铸造战斗用的武器，利用其美丽的色彩及富有光泽的特性又可以铸造供神的祭器，对"国之大事，在祀与戎"的古代社会具有极大的价值。以商代青铜成品的精美及数量之多看，当时一定使用了相当多的语言描述它，但是甲骨文迄今还见不到"金"字。原因可能是熔铸器物不是国家大事，不必劳动商王去占问，或是商代对于熔铸已甚有把握，不必向鬼神祈求福佑以保证铸造的成功。

"金"字首见于西周早期的金文（𨤾 𨤾 ：𨤾 𨤾 𨤾），对于此字创意的解释虽多，尚无令人满意者。或以为表现矿石生于土中并附有声符，或以为金块埋于土堆下，或以为表现坩（gān）埚（guō）①倾倒铜的溶液进入型范之状，或为金属锭的形状，或挖矿的斧头以及砍下之金属粒，等等。

要通过与其他的字形做比较研究才能猜测"金"字的创意。甲骨文的"铸"字有两种写法，一作双手拿倒皿覆盖于一个土型上之状（ ），一作双手持倒皿倾倒铜液于另一皿中之状（ ）。两种写法都取意于倾倒铜液于型范中的操作过程。西周铜器常说明铸器的原因，"铸"为常见之字。其书写的异形甚多，演变的过程是在甲骨文的基本字形上，加上意符金、火，或声符 而成。最值得注意的字形是由 所发展的 字，金是由 演变而来。 于"铸"字是接受铜液的模范型，那么"金"就是以铸器模型创意的了。金文"铜"（ ）字部分的"金"，更生动地表现出型与模已套好，捆绑牢固，等待浇灌铜液的样态。看来，代表金属的字是来自以型范熔铸铜器的概念。

中国因为缺少自然状态存在的金属，只有通过熔铸才能取得金属，故用型范表达金属的意义。从商代铜器铸造方法的考察中，发现在各种铜器加工的方法中，不但铸器，甚至对于花纹、零件等的加工，几乎也只用套铸的块范法。这与其他文明古国主要用失蜡法铸造，用铆钉、熔焊等种种加工

---

① 坩埚：是一种器皿。主要用于高温灼烧，灰化或熔融制样。

的方法，显然有基本上的隔阂，强烈反映中国金属铸造技术的自发性与独特性。

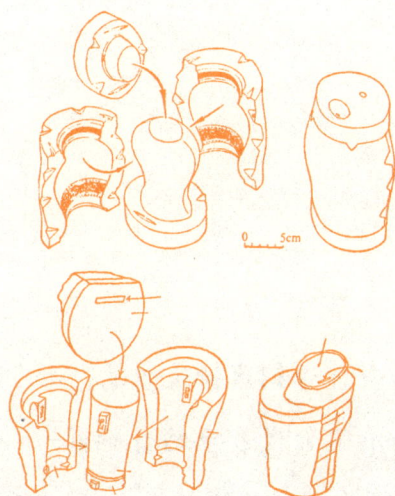

图一 青铜铸造的多片范合范的示意图

知识链接

块范法

　　块范法是一种青铜器铸造方法，始于新石器时代晚期。目前已知中国古代最重的青铜器——"后母戊"青铜方鼎（现藏于中国国家博物馆），就是采用这种方法铸造而成，鼎身与四足为整体铸造，鼎耳则是在鼎身铸成后再装范浇铸而成。

　　区别于失蜡法和焊接法，块范法的制作过程包括"制模""制范""浇注"和"修整"四个环节。块范法沿用时间很长，对后来的铸造技术影响深远。

zhòng　　　　　　liàng

重、量

包囊装满货物，提举甚重；
大概以袋估计重量与容量之意。

◆ 字形变化 ◆

两周金文

秦小篆

现代楷书

◆ 字形变化 ◆

商甲骨文

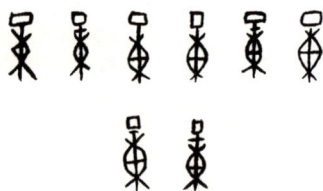

两周金文

秦小篆

现代楷书

量

　　"重""量"两字的创意也与东（囊袋）有关。依目前的资料，"重"字初见于两周时代的金文，例子也不多，作 東、重、呂 等形。《说文解字》的解释是："壴，厚也。从壬，东声。凡重之属皆从重。"不过从文字演变途径的规律看，東是此字比较早的字形，重是较晚的演化，呂则是战国时代的简省字形，后来没有被接受为通行的字形。显然，从壬的字形是后来的讹变，这种讹化的现象见于好多的字，如"圣"（ 叒→ 叒→ 叒→ 叒 ），所以这个字不是形声的结构，应是表意字。此字与"东"（ 束 ）稍有差异，是囊袋上端捆绑的绳索加上某种装置。联合字形与字义看，可能与袋子很重有关。

"东"字是大型袋子的形象。大袋子装盛的东西多，重量可能很重，搬动可能不方便，如果使用钩子或什么器具，就比较好搬动，可能这就是"重"字创意的所在。

其次是"量"字，甲骨文作、、、、等形。金文有一些变化（），一是方框中加一点，这是文字演变常见的现象；一是袋子的下方有与"重"字一样的变化，多了两短画。《说文解字》的解释："，称轻重也。从重省，曐（向）省声。，古文。"《说文解字》省声之说法绝大多数是不可靠的，不过，与重有关是对的。此字应该也是表意字，是大型的囊袋，在一端附有方或圆形的器具之状。"东"形之上的方框可离析，因此也不是袋子上固定有的装置。有可能以某种量具度量袋中之物的容量创意。

重与量是有关度量衡的概念，用袋子去创意是符合古代社会的情况的。估计某些东西的轻重、大小、长短或多少是远古以来生活所离不开的经验。当旧石器时代的猎人们拿着绳索要投掷时，就得自己估计石块的重量、猎物的距离，决定要使用多少力量，抛射怎样的角度才有希望命中目标。但是一旦要向他人传达这种意念，就会发觉各人的了解有所不同，难正确地传达。不像现代人人有共同的概念，不怕会发生误会。度量衡①的制度，是人与人接触后才需要的东西，因此传说是五千年前黄帝的创制。不过开始时一定很粗陋，要等到商业社会才会有显著的发展。因为商业是种谋利的行为，要精确计算其成本与利润。同时也要取信于人，生意才能做得成，故促成计量系统的建立和商品的标准化。另一方面也提高了数学的应用。

度量衡的演进大致有三个阶段。最先是依靠人的感官以判断事物的轻重和容量，其次是暂借日常用具加以度量，最后才是有一定的度量衡器及一定的标准。最初的阶段，人们只求大致的轻重就可以。如上文所解释，虽然"重"与"量"字的创意还不十分明白，但显然与装东西的囊袋有关。袋子的大小较有固定的标准，是属于日常的用具，较之最初以手估量物体的重量已有所进步。日常袋子所装的东西大半是价廉的粮食一类，重量稍有出入也不值得多所争论。但如果是黄金一类贵重的东西，有必要计较铢两之差异而需要精确的器具，这就属最后的阶段了。

---

① 度量衡：度量衡是中国古代计量长度、容积和重量标准的统称。长度是度量衡制最基本的标准。

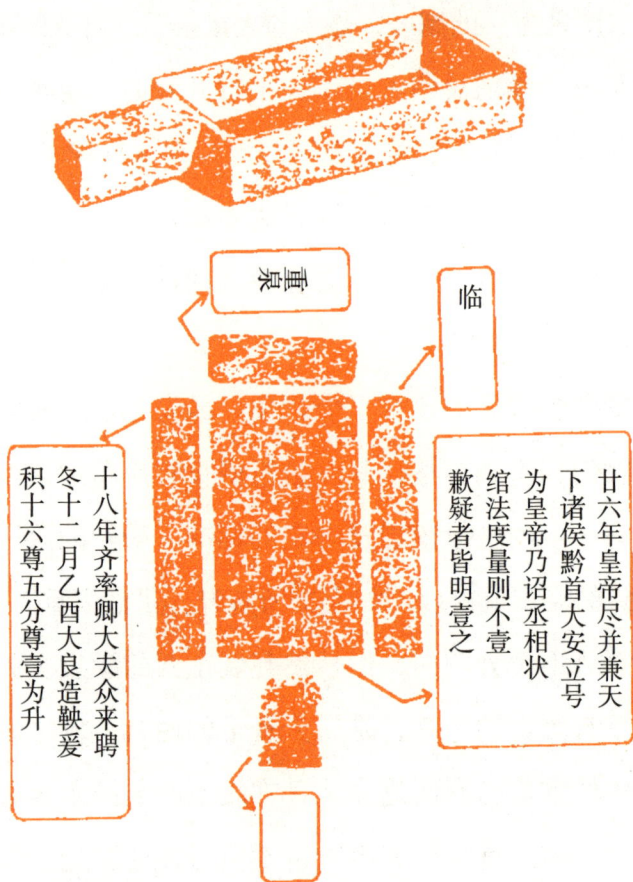

重泉

临

十八年齐率卿大夫众来聘
冬十二月乙酉大良造鞅爰
积十六尊五分尊壹为升

廿六年皇帝尽并兼天
下诸侯黔首大安立号
为皇帝乃诏丞相状
绾法度量则不壹
歉疑者皆明壹之

图一 公元前三四四年商鞅督造的标准量，
以十六又五分之一立方寸为一升

xiǎo　　　　dà
小、大

以三或四小点表示其物体积之小或少的概念；
以大人的形体表示大的概念。

◆ 字形变化 ◆

商甲骨文

两周金文

秦小篆

现代楷书
小

◆ 字形变化 ◆

商甲骨文

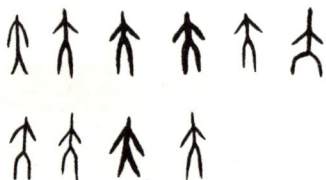

两周金文

秦小篆

大

现代楷书

大

　　《说文解字》的说解："川，物之微也。""丷，不多也。"文字的创造，抽象的意义最为困难，因为没有形象可以描写。古代的人就想到利用相关事物的特征、功能等去创造。小和大是相对的概念，是相互比较之后的结论。但是在创造这个意义的时候，不能够随意画两件大小不一的东西，因为人们想到的可能是别一层的关系。古人造字所常用的方式是利用某件器物在人心中的一般性概念。人们所常见到的细小东西是沙粒，因此就画几点小沙粒以表达细小的意思。细小的点容易被忽视，因此后来就把笔画拉长了。细小的东西容量少，所以甲骨文的"小"字也可以写成四小点，后来为了明确各自的意义，才规定以三小点为"小"，四小点为"少"，加以区别。

那么如何表现大的概念呢?《说文解字》的说解："大，天大，地大，人亦大焉。象人形。"

在社会中，和人的生活最为关切的事物就是人类自己。于是想到，小孩子的身躯比较小，成人的身躯比较大，所以就以成年人正面的形象去表达大的概念。许慎"象人形"的解释可以修改为，象成人身体较大的形象。是表意字，不是象形字。

知
识
链
接

《说文解字》

　　《说文解字》由东汉许慎所著，对字形结构进行分析，根据不同的偏旁，分立为540部，首创部首排检法。字体以小篆为主，籀文、古文等异体列在小篆下面，名为"重文"。全书共收篆文9353字，重文1163字。

　　《说文解字》不仅是中国第一部系统分析字形和考究字源的字书，还是世界最古的字书之一。

jí

吉

置型范于深坑，使散热慢而冷却时间久，可使金属铸件精良。

◆ 字形变化 ◆

商甲骨文

两周金文

秦小篆

现代楷书

吉

　　通过古代象形文字，我们可以推论古代工艺所达到的水平。甲骨文的"吉"字，作深坑之中有一器物之状（𠙶𠙾）。考察起来，它是表现浇铸部分的浇口（三角形）以及器物部分的型范（矩形）已套好而放置于深坑中之状（图一）。根据现今的科学知识以及铸造铜器的经验，青铜铸件的良善与否，与冷却时间的快慢有绝对的关系。如果散热慢，金属的合金便有充分的时间整合，使铜与锡的成分结合成对称的树枝状。这样一来，表面的致密度就会增高而光滑。古代只有把浇铸后的型范放在深坑中，才能达到此目的。由于深坑中空气不流通，高温要许久才会慢慢冷却，如此不但可以防止型范爆裂或走范而变形的缺点，而且还可以使铸件更为光滑美善，故以之表达良善的意义。这是古籍不见记载的事件，而从地下的考古也只能看出商代有在深坑中铸造铜器的事实，但不能肯定当时已知散热缓慢的利益。现在从文字的字形和创意就可了解商代的工匠已有这种认知。

中国文字在商代之前，有些字有可能读出两个音节，但在西周之后，尽管一个字有时可在不同的时机读不同的音，代表不同的意义，但每次也只能读一个音节。故不但句子的字数可以等长，连音节的长度也可以一样。还有，中国的语词，由于音节短，为避免混淆，更使用声调加以分辨意义。如此则句子的字数、音节既可以同样长度，甚至平仄（zè）①的节奏也可以要求一定的模式，从而发展成律诗、词曲、对联等讲求平仄声调的特殊文学形式。同时也由于单音节的原因，音读相近的字就多了起来，导致古代多用假借字的现象，同时也发展了谜语、歇后语一类的文字游戏。连带绘画的题材也受到影响。如年年有余（鱼）、子孙连甲（莲、鸭）、吉庆平安（戟、磬、瓶）、三阳开泰（羊）、耄（mào）耋（dié）②延年（猫、蝶）、福禄双全（蝠、鹿、葫芦）、马上封侯（马、

① 平仄："平声"和"仄声"的合称。"平"指汉语古四声中的平声，"仄"指汉语古四声中的上、去、入三声。
② 耄耋：高龄、高寿。

猴）等图案，就都是应用音读的假借原则。商代名为戈的武器，是装在有矛的长柄上使用的，后代常称为戟，与"吉"同音，所以经常被借用表达吉祥的意义。

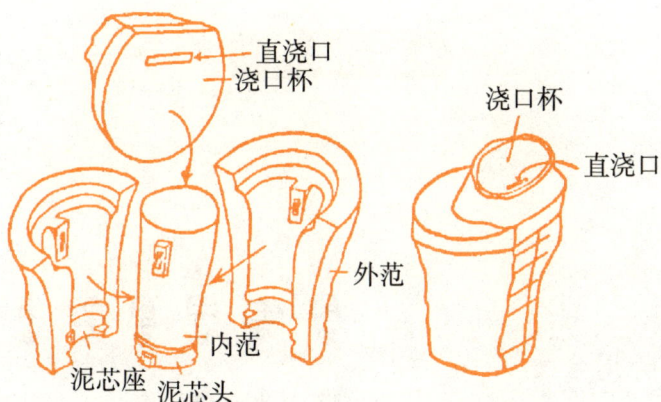

图一　商代型范套铸的示意图

"吉"字的上部分就是型范已套好后的形象

hài

害

铸造器物之型范已被破坏剖开之状。

◆ 字形变化 ◆

两周金文

↓

秦小篆

↓

现代楷书

害

　　能了解中国冶铸技术的复杂性，肯定就会对中国青铜器的精美有更深一层的欣赏与感动。在"金"字一节的文章里已解释过，中国因为缺少金、银、铜等自然状态存在的金属，只有通过熔铸的方式才能取得金属。因为以块范法铸造金属器物是中国早期利用金属的唯一方法，所以"金"字的创意，采取铸造器物时陶模型与范已经套合的样子表达金属这种物质。用块范法铸造铜器，其制造的程序约为：首先是塑造模型，即以泥土塑造一个与所要铸造的器物同大小的形象，然后在其上雕刻花纹或文字以便翻范做成型范。翻范的方法是把过滤过的细泥调和湿润，拍为平片，按捺在模子的外部，用力压紧使花纹细节反印在泥片上。等待泥片半干，再用刀分割成数片，加以阴干或烧烤，每片就是一个型。器形简单的只需割成两半，稍微复杂的就需要八九块或更多。最后手续是套合，乃在模子上刮下所要铸造器物的厚度，然后把外范和内模套合在一起。两者的空间即为器物的厚度。内外模型的榫眼要扣合，并以绳子捆缚，再抹上泥土加以强固，以防备灌浇时范片走位，导致失败。然后就可把熔解的铜液自浇口灌入了。等待热铜液完全冷却后，就可以把外面的泥土和绳子割开而取出里头的铜铸件了。

这种复杂费时的范铸法是中国早期铸造金属器物的唯一方法。甚至连零件和修补也用同样的方法。这是中国冶铸技术的特色，由于需要多块泥范套合，故称为块范铸造法。西洋虽也使用块范法，但主要是使用失蜡法，以及铆钉①、熔焊、锡焊等加工。方式与中国非常不同，所以很多学者认为它们强烈反映各自独立的创发性。所谓失蜡法，就是先用蜡一类遇热会熔化的东西，塑造想铸造的器形，然后用陶土包覆起来，留下一个出口。烧烤后蜡熔解掉，就留下空隙而把热铜液灌进空隙，也是冷却后就可把外边的陶土剥掉而得到铸成的器物了。这种铸造法，没有型范套合的问题，复杂的器形

①铆钉：铆接用的一种金属零件，一头有帽。

比较容易设计，铸出来的器物也因没有接缝而比较容易完美。中国要到春秋中期才使用失蜡法铸造器物，但也不成为主要的铸器方法。由于中国这种对铸器法的执着，连碰到高温才能熔化的铁，也想尽办法提高炼炉温度加以熔化以之铸器，故比西洋发展生铁早一千五百年以上。中国用笨拙的方式却能铸造不输于失蜡法的复杂而精美的铜器，其巧思更值得我们钦佩。以失蜡法铸造的都是个别造型，故每一件都不同。但使用块范法，如果用比青铜熔点更高的东西做范，如铁，就可以用同一组的范无限制地翻铸，减少成本。很多农具就是用这种方法铸造的。

"害"字的创意，《说文解字》的解释："𡧀，伤也。从宀口。言从家起也。丰声。"许慎没有看到更早的字形，也解不透其创意，把它看成形声字，又因部分字形看起来像家屋，所以解说伤害从家中而起。现在从更早的金文字形看，"害"并无屋子的形象（ 𡧀𡧀𡧀𡧀 ），它与"金"的字形有点像。"害"的中线部分经常被写成中断而分两部分，可能表达型范与模型没套好以致铸件走样，或浇注而冷却之后，模范已被剔坏而取出铸物的样子，故而形成中断的现象。这样也可以理解"全"字，原来是表现铸型尚完好，没有被剔坏的状态。

图二是铸造铜钟的多片泥范中属于舞部的完整陶范。此范的纹饰可看出是只一头两身的动物，脚爪各抓着一只身躯

扭转的虫或蛇。战国时代常见尾巴分歧的龙纹，看起来像是自可分析为两只面对面夔（kuí）①龙的饕餮纹（兽面纹）变化出来的。

图一 鬲陶范

高二十三厘米，宽二十四厘米

商早期，公元前十六世纪至公元前十四世纪

图二 铜钟的舞部完整陶范

高十六点七至十七点九厘米

公元前五世纪至公元前四世纪

---

① 夔：古代传说的一种动物，形如龙。

lóng

龙

头部有特殊形象的爬行动物形。

◆ 字形变化 ◆

商甲骨文

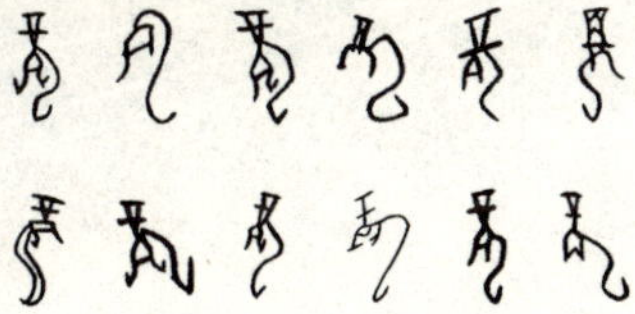

两周金文

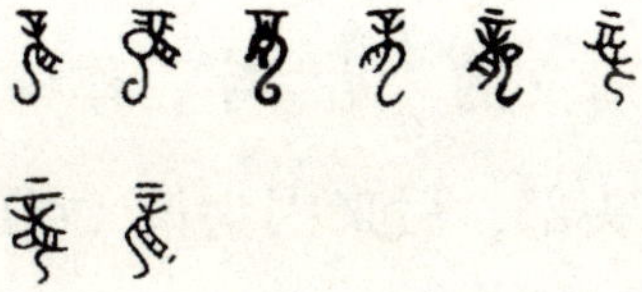

秦小篆

现代楷书

龙

甲骨文的"龙"字，作一只龙之形状（龙形）。本来表现细长的头部，后来因为讹（é）变①，使看起来像是头上有角冠。嘴巴的上下颌向外翻转，不像"虎"字强调有力的嘴巴，作牙齿尖锐而内向状（虎形）。龙的身体弯曲，且尾巴永远与头部方向相反。整体的形象有点像昂首竖立的大蛇。但从较早期的图案看，应该是表现一只有短脚的爬虫类动物形。因为中国人习惯在窄长的竹简上书写，所以将大部分动物的字转向，成为头向上而尾巴在下的样子。

---

① 讹变：字形在演变过程中发生变异的特殊现象。

　　龙应该是人们见过的动物。可能因为三千多年前之后，气候长期转寒，龙渐成为罕见的动物，字的形象也慢慢起了变化，商代已讹变为头部有角冠的样子。后来更被神化，选择了九种不同动物的特征，虚构组成：角似鹿，头似驼，眼似兔，项似蛇，腹似蜃（shèn），鳞似鱼，爪似鹰，掌似虎，耳似牛，成为十二生肖中唯一不存在的动物。

　　中国人对于龙的信仰，至少可追溯到六千多年前。河南濮阳一座外郭形状奇特的坟墓，像是有意以黄道、春秋分日道，以及太阳轨道组成，发现在尸体两旁及脚下，用蚌壳排列成龙、虎，以及北斗的图案（图一），显然寓有宗教信仰的意义。这只龙的形象颇为写实，有窄长的颜面、修长的身子，短腿，尾巴粗长。

　　龙的形象虽然有些凶恶，却最受中国人尊崇，被选为吉祥及高贵的象征。许多人希望在龙年生育子女，取得好兆头。不像西欧中世纪的文学美术作品，把喷吐火焰的龙看成恶势力的象征。龙与中国文化圈的关系密切，常被用以代表中国。它盛见于古代的各种传说中，也是古今美术常见的题材。

　　商代有名为"龙"的方国，龙很可能就是该国的图腾。半开化部族尊崇的图腾，常被认为是该族降生的祖先。绝大多数的图腾都是取自然界中实有其物的东西。春秋时代的铜器铭文有"获龙"的记载。西周早期的《周易》，把龙描写成能潜藏于深渊，飞跃于天空，争斗于地面，流出的血是玄黄的颜色。《左传》记载公元前五二三年，郑国遭受大水时，有龙相互争斗于城门外的洧（wěi）渊[①]。在鲁昭公二十九年也记载有龙见于郊的问答，可以看出龙原本是种两栖类爬虫动物的总称。

《说文解字》解释"龙"为"鳞虫之长，能幽能明，能细能巨，能短能长，春分而登天，秋分而潜渊"。爬虫种类繁多，习性各有不同。也许人们把不同形状及种属的爬虫化石都当作龙看待，导致龙能变化形状的传说。唐代《感应经》有如下的描写："按山阜冈岫，能兴云雨者，皆有龙骨。或深或浅，多在土中。齿角尾足，宛然皆具。大者数十丈，或盈十围。小者才一二尺，或三四寸，体皆具焉。尝因采取见之。"龙能致雨之说，可能和栖息于长江两岸的扬子鳄的生活习性有关。扬子鳄除了没有角外，身躯、面容都酷似龙。扬子鳄有秋天隐匿，春天复醒的冬眠习惯，每每在雷雨之前出现。古人常见扬子鳄与雷雨同时出现，雨下自空中，因此想象它能飞翔。或以为扬子鳄能预感，下雨之前会鸣叫，所以被误会有致雨的神力。认为龙有降雨的神力，起码可以追溯到商代。甲骨卜辞有"其作龙于凡田，有雨？"问是否建造土

---

① 洧渊：指的是今河南双洎河。

龙以祈求降雨。西汉的董仲舒于《春秋繁露》中，详载建造土龙以祈雨时，如何依五行学说的原则，在不同的季节，建造不同数量、不同大小的土龙，面对不同的方向，并以不同的颜色，以不同的人数去舞蹈。这种传统延续到近代，农民还要向海龙王求雨。水的供应与农作物收成的好坏有密切的关系，中国是农业的社会，所以龙受到特别的尊敬。

龙后来还成为皇家的象征，很可能与汉高祖刘邦的出生传说有关。汉代的《史记·高祖本纪》有两则有关刘邦与龙的记载。"刘媪尝息大泽之陂，梦与神遇。是时雷电晦冥，太公往视，则见蛟龙于其上。已而有身，遂产高祖。""为泗水亭长，廷中吏无所不狎侮。好酒及色。常从王媪、武负贳（shì）酒，醉卧，武负、王媪见其上常有龙，怪之。"

汉高祖出身普通人家，有必要编造故事说明平凡人接受天命而登上帝位的合理性。难断定的是，到底是因为龙为高贵者的象征，才据之以编造故事呢，或偶然选择了龙以编造故事，才使得龙成为皇族的象征呢？可肯定的是，选择龙以附会汉天子绝不是基于当时风行的五行理论。因为当时有以为汉朝与秦同为水德，或继秦之后而感应土德，甚至是感应火德，从没有以为汉代是得与东方的龙配合的木德。

图二这件商代铜觥以龙造型，器盖平面装饰长龙，其身子与盖子前端的龙头相接，头上有两只如鹿的瓶形角。器身

则装饰侧身的夔龙与下伏的鳄鱼纹。会不会当时已经知道龙
与鳄鱼有关？

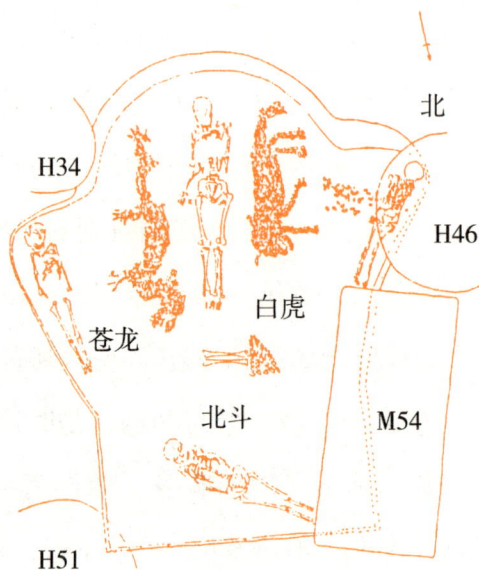

图一

图二 龙形青铜觥（匜）

长四十三厘米，宽十三点四厘米

商，约公元前十三世纪至公元前十一世纪

知识链接

十二生肖

十二生肖是用于纪年的一种方法,又叫"十二属相"。古人用十二种动物来配十二地支,即子为鼠,丑为牛,寅为虎,卯为兔,辰为龙,巳为蛇,午为马,未为羊,申为猴,酉为鸡,戌为狗,亥为猪。

虽然清代的赵翼在《陔餘丛考·十二相属》中讨论了十二生肖的来源,但目前学界仍众说纷纭。

fèng

凤

凤鸟象形。

◆ 字形变化 ◆

商甲骨文

两周金文

秦小篆

现代楷书 凤

　　中国的装饰图案，龙经常与凤成对出现，分别代表皇帝与皇后，或象征男与女，为婚礼中所不可或缺的装饰。

　　甲骨文的"凤"字作某种鸟的形象（🐦 🐦 🐦）。此鸟头上有羽冠，长尾，且尾上有花纹。铜器铭文提及生凤（活的凤鸟），应该是实有其物的鸟类，很可能是依南方的孔雀或形似的鸟类写生，也有可能因此而被取以代表南方的祥瑞。为了表现其美丽的形象，卜辞都把尾部的羽毛画得很详细。图一这块商代平面玉雕，应该就是表现凤鸟的形状。两面都以阴线刻画出相同的纹饰，翅膀上还用阳文线条表现排列有次的羽毛形象。此鸟的头略为下倾，看来是休息于树枝，两翅不展，长尾下垂的样子。但是此玉佩的中间部分的外侧，即长尾的前端，附带了一个和造型无关的有孔纽，显然是为穿过绳索而佩戴设计的。如果以此孔系绳佩戴，则凤鸟不是直立而是横摆的，但横摆时又不像是展翅飞翔的姿态。到底如何悬吊，令人费解。

这件线条优美、琢磨精巧、晶莹鲜润的玉雕是商代的精品。商代玉雕的刻画技巧还难做精细的线条，纹饰常简单。这件玉雕轮廓虽然简要，对了解凤鸟的形象仍然很有帮助。通过与甲骨文的比较，大致可了解其较确实的形象。其特征有二：一是头上有羽冠，此玉雕的详细造型，三簇纵列的羽冠，可补文字描写的不足；一是长的尾巴有特殊的孔雀羽毛形象，膨胀的末端还有分歧。

古人朴直①，不会做没有根据的幻想，古代的图案原先应都是取自实在生存的动物，后来可能由于气候改变，该动物迁往他处，人们见不到真实的形象，就逐步地改变形象，以至于最后成了不存在的东西。中国在三千年以前的气候较现在温暖得多，一些现在已不见的动物，如解（xiè）廌（zhì），在商代都是常见的。凤鸟后来因罕见而被神格化了，九是单位数中最大的数，为吉祥的象征，于是逐渐以九种不同动物

① 朴直：朴实率直。

的特征凑合，除基本的鸟形外，又加上鸿前、麟后、蛇颈、鱼尾、龙文、龟背、燕颔、鸡喙①（huì）等形态，身上五彩齐备，众相并呈，当然就成不存在的神物了。

凤在商代被假借为"风"字使用，后来就在凤鸟之形上加上凡声或兄声以为区别。凤鸟被假借为风，可能也被联想其飞行与风的形成有关。解说凤为鸟中之王，出行时有成千上万的鸟随行护卫，因而蔚成风势。凤鸟既然具有人间贵族的品格，所以也有非梧桐之树不栖息，无竹子之实不吃食，没有醴泉之水②也不饮用的不实描述。凤鸟在中国既然不常见，战国以来就有凤凰出现于太平盛世，带来吉祥的传说。贵为人君的都喜欢听到凤凰来朝的报告，以示自己是仁慈的统治者，治下是太平幸福的世界。

同时，凤大概因有美丽的外形及雅好音乐的性格，又被取以为女性的象征。有不少描写伟大乐章引来凤鸟的故事。如《尚书·皋陶谟》："《箫韶》九成，凤皇来仪。"既有诗歌跳舞之能，又能带来好运气，这样的女性是最理想的结婚对象。也许因此，后代创造了好多皇后诞生时有凤凰出现的神话故事。尤其是出身寒微的家庭，更需要以此解释能享富贵

① 鸡喙：喙，鸟兽的嘴。这里指鸡的嘴。
② 醴泉之水：这里指甘甜的水。

的合理性。大概也因此以龙凤图案装饰结婚的礼堂。

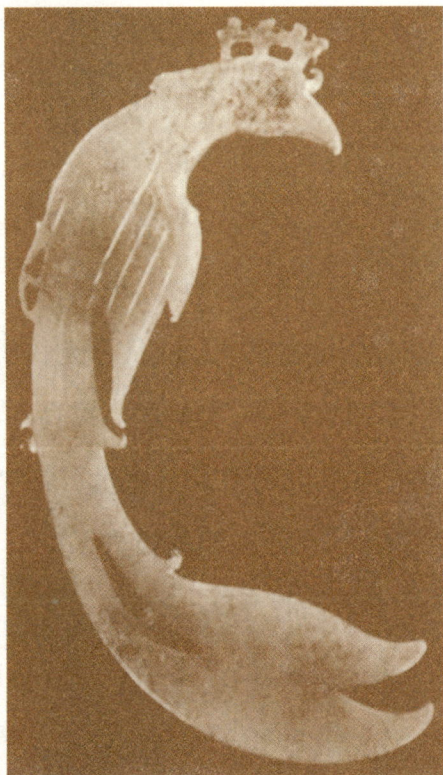

图一 凤形褐色玉佩

高十三点六厘米，厚零点七厘米

商晚期，约三千三百年至三千二百年前

yuān

肙

象蚊虫一类幼虫蜷曲之状，头部讹成口，身子讹成月。

◆ 字形变化 ◆

商甲骨文

两周金文

秦小篆

现代楷书　肙

　　甲骨文有个字（🐉），开始的时候被学者误以为是"龙"字，以为取象龙的形状。这个字在甲骨文中用于有关生病的场合，学者试用声韵假借的方式解释此字的意义，但总觉得有些勉强与不妥。甲骨文另有"龙"字（🐉），上文已经介绍过，有学者认为是扬子鳄的象形字。龙的尾巴一定与头部反方向，而这个字却是同方向，所以一定别有所象。后来解了谜底，认为这个字应该是"肙"（yuān）字。因字形演变，使头部写成像口、身子像肉之状，所以才不容易认出来。《说文解字》解释"肙"字的意义是小虫。那到底是什么样的小虫呢？蚊子的幼虫在放大镜下，和这个字形非常相近。"肙"在甲骨文中的意义是蠲（juān）除、排除，如问"有疾身，不其蠲？"（王的身体生了病，能不能得痊愈呢？），"姒庚蠲王疾？"（姒庚的神灵能够去除王的疾病吗？），"作御，妇好蠲？"（用攘除的仪式，妇好就可以得到痊愈吗？）。

为什么商代的人会以蚊子的幼虫去表达排除的意义呢？理由应该是，蚊子叮人吸血，不但会痛，也能传染病疾，人们很想消灭它。如果让蚊子长成而能飞来飞去，就不容易扑灭，最好是在未成形的幼虫阶段就消灭它，故以蚊子幼虫去创造消除的意义。去除蚊子幼虫以消除病疾的卫生观念可能不始自商代，而在约五千年前的红山文化时期就已形成了。

图一这件文物是红山文化遗址常见的。描写的生物，头顶上有两个大耳朵。这件的耳朵形状作不太规整的半椭圆形，有些则作斜在一边的三角形。有一对张开的圆眼睛。有的只作一道短洼线条，好像是闭着眼睛，或处于睡眠的状态。嘴巴前凸，很像猪的形状。额前和鼻子的部位都有好几道约略平行的长洼线，大致表现皱褶的脸部。身子卷曲，有的像这一件几乎与下颌相接，但完全分离如玉玦之状；有的则在里头的部分相连，没有完全分开。

这到底是一只什么样的生物，是实有的，还是想象的？学者议论纷纷，有的说它描画中国人尊重的龙。或因其头部像猪，因此称为猪龙。但是，龙的身上有鳞片，此物光溜溜的。龙的尾巴与嘴巴反方向，此物是同向的。远古的人较不会做没有根据的幻想，这种形象一再出现于红山文化，其原型一定是基于实际的生物。

这种玉雕的尺寸有大有小，小者才七八厘米，大者十五厘米。在背部都有一个钻孔，可以穿过绳子佩戴。从出土的位置判断，常是一大一小佩戴在胸前，而非后来常见的佩带于腰际。这种对当地社会具有相当大意义的生物是什么呢？这件玉雕穿起绳子悬挂时，头略下垂，很像蚊子的幼虫寄生在水面上之状。学者认为佩戴这件玉雕不但是为了装饰，也有祈求吉祥与护身的目的。在我们所知的生物里，没有比蚊子幼虫的形象和姿势更为接近此字的了。如果它确实描写蚊子的幼虫，就有可能是此地的人曾被蚊子所苦，因此佩之以祈求避免。能够领悟到消灭蚊子幼虫为去除蚊害的根本之道，商代的人既已经有如此的观念，不能排除红山文化时期的人也有同样的思考。

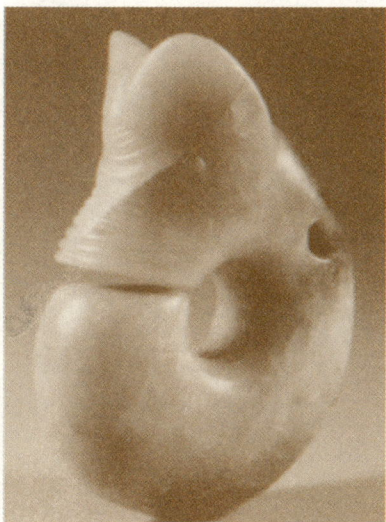

图一　青色岫岩玉猪龙

高七点九厘米

红山文化类型，约五千五百多年前

知识链接

红山文化

红山文化是中国新石器时代的以农业为主的文化，主要分布在辽宁西部，1935 年首次发现于辽宁赤峰红山。

2012 年 9 月，国家文物局公布调整的《中国世界文化遗产预备名单》中，确定由辽宁省朝阳市的牛河梁遗址和内蒙古自治区赤峰市的魏家窝铺遗址、红山后遗址共同组成红山文化遗址进行申遗。

hóng

虹

双头穹身的神话动物形。

◆ 字形变化 ◆

商甲骨文

秦小篆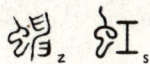

现代楷书 虹

　　有形可描绘的东西最容易制作成象形文字。商代有关天体与气候的文字中，"虹"字属于象形，后来为了方便书写的笔画规范，才成为从虫工声的形声字了。甲骨文有一个字（𩁹 𩁹），描写一条首尾都有头的穿身动物形。比对后世的传说，这是个"虹"字该不成问题。甲骨的刻辞有"……戋亦有出虹自北，饮于河"（《合》[1]10405），"虹惟年""虹不惟年"（《合》13443）。虹是水蒸气受阳光的折射及反射而形成的自然景象，常在雨后出现，甲骨文也有雨后出现虹的记录，

故此动物形必是"虹"字。雨后七色彩虹是人们不能忽略的天象，但它是只能远看的虚像，一接近就看不到它了。看到远方的虹好像在饮大河里的水，古人不明白其物理，以为与降雨有关，故想象虹有头有口可以吸水，有致雨的魔力。雨是古代农业用水的重要来源，所以也占问彩虹对一年的收获有无影响。

彩虹致雨的信仰至迟东汉的时代犹存。山东嘉祥武氏祠左石室屋顶前坡的西段有雷神出行施威图（图一），图上有雷神、风伯、电母、雨师等神，还有雷公拿着锤与钻，弯身在双龙头的穹身神物下打击某人的景象。这可能表达遭受雷击的现象。图上的穹身双首形象不正是和甲骨文所描写的"虹"字一模一样吗？连头上的触角也被忠实地表现了出来。所以学者对甲骨文"虹"字的辨识是无可怀疑的。《明堂月令·季春》有"虹始见"，说明古人对于雨后彩虹出现时机的重视。

图二这件玉器，主体作弧曲的带状，在上头装饰多列平行的斜排蝌蚪纹，两端则雕成微微张口的龙头形，可肯定整体就是一条头尾都是头的彩虹形。玉器中间的上方穿有一孔，作为穿系绳索之用。两端龙口的内部雕成小圆圈状，也具有同样的作用。这种文物称为璜，是一组腰佩饰的重要零件。

这类弧形的玉器，在东南沿海地区是六千年前以后的新石器时代遗址常见到的。两端也大都有钻孔，用途应该都是一样的，作为身上的佩饰，只是西周以前的造型简单，没有繁缛的花纹，而且使用的习惯也稍有不同。从在墓中的位置判断，早期的璜，两端向上，被悬吊着。西周开始增加花纹，也转变为两端向下，两端有两孔可以系挂其他若冲牙、流苏等零件，意味着整组的玉佩更为繁复多样。

学者观察到，良渚文化的玉璜很少和表现男性政治权位的玉琮、玉钺共出，表明它比较可能是女性的用品。女性较男性喜爱装饰物应是合理的推测。不过，成组玉佩要求佩戴者步调缓慢而有节奏，以免玉佩相互撞击的声音紊乱。其谨慎的态度被贵族采用以表现其不事生产，雍容肃穆、高人一等的形象，就成为男女通用的服饰了。

新石器时代的璜，不但两端都是平齐的，而且向上弯曲，绝不会取形于彩虹。但西周以来的双头龙形璜，不但形状，位置也与彩虹一致，则其取象于彩虹应无疑义。西周时代可能因彩虹有致雨的信仰，为吉祥的象征，才取以为服饰的形象。

图一 嘉祥武氏祠画像石的雷神出行施威图部分
彩虹的形象与甲骨文的"虹"字同

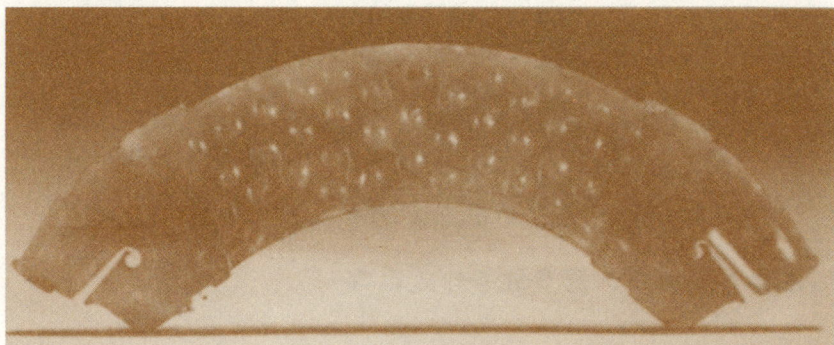

图二 双头虹形淡绿玉璜
长十一点六厘米
战国，约公元前四七五年至公元前二二一年

知识链接

良渚文化

　　中国新石器时代的文化之一。因发现于浙江余杭（今杭州市余杭区）良渚镇而得名。良渚文化时期除了发达的农业，手工业也得到飞速提升，治玉工艺水平提高。这一时期，玉器的种类非常丰富，开发出以琮、璧为代表的高度发达的玉礼器体制。良渚文化的玉器不仅为我国玉文化研究提供了参考，还丰富了我国多样文化的内涵。

　　目前，良渚文化的出土器物有玉器、陶器、石器、竹木器等。其中玉器多被当作随葬品。

chán

蝉

躯体换新重生。

◆ 字形变化 ◆

秦小篆

蝉 s

↓

现代楷书

蝉

　　"蝉"字可能早期以象形表达，铜器的族徽图形（☒）或有可能就是蝉形。甲骨卜辞有方国名（☒☒），可能就是它的一般书写形式。(《合》33041、33042) 不知何时改换为从虫单声的形声字。蝉的形象在图一这块莹润的玉雕中清楚地表现出来：左边是背部，右边是腹部。这件玉蝉的头部前端作山形交叉如丘字状，口呈锯齿状，眼睛圆鼓而外凸，翅翼外直而内弯曲至端部成尖峰状。腹部的尾端也缩成尖峰，并用十二道横的阴线把能够伸缩自如的腹部非常写实地刻画出来。这个时代的玉蝉，有时只作轮廓的边缘和背脊的高度简化形象。或已格式化，以二道直画、二道斜画和四道短横画来表现两片翅翼与尾部。两汉时代，玉蝉的出土量非常多，长度大都在五至六厘米之间，发现于死者口中，作为塞七窍①或九窍②之一的器物。为了防止死者的精气外泄，人们用玉块把人体的孔道塞住。除了玉蝉，其他部位的塞子都没有雕成具体的动植物形象。为什么会如此做？只因宽扁的舌头形状与之相似吗？或别有意义。为什么南北朝以后又逐渐消失？

　　蝉的种类繁多。成蝉的体长在二到五厘米之间，大蝉每年仲夏出现。因没有明显的用食动作，故有人以为蝉以露水为食物。蝉之幼虫入土变成蛹，筋骨强壮后从土中钻出。幼虫要经过数年的时间，数次的脱壳，才可以达到成虫的阶段。蝉常栖息于阔叶树上，平常不鸣不叫，在求偶或危险时才会有声响，人们早已注意到它的出现。除了聒噪的雄蝉鸣声点缀酷暑的季节，以及名为蝉衣的壳可以入药，用于治感冒发热、咳嗽、音哑等症状外，蝉似乎和人类的生活没有太大的利害关系。一般说来，某东西会被取为某种意义的象征，必然有其合于逻辑的原因。在西汉晚期之前，玉蝉出土量不多，东汉以后又很快消失。早在五千年前的红山文化时代就已出现玉蝉。早期的玉蝉大都有贯通的穿孔可以佩带。到了商代

---

① 七窍：指耳、目、口、鼻七孔。
② 九窍：在"七窍"的基础上加上前阴和后阴。

才发现有口中填塞玉蝉，和汉代的用法一致。蝉纹是商代及西周常见的装饰图纹，应该和早期的信仰有关，到了汉代才特为强化而已。汉代文物表达的最强烈的信息是神仙世界，以及长生不老的希望，可能就是使用玉蝉口琀的原因。

生物都有生老病死的荣枯过程，各民族也都有谋求解脱此困厄的行为与希望。死是不可避免的，但千年莲子可以再发芽，人的灵魂也可以再生。汉代有神马载运灵魂早日去神山的信仰，也有借蝉的脱壳表达让老弱的躯体转化新生的希望。中国古代的文学作品里，好像到了汉代才以蝉的脱壳现象比喻脱胎换骨、破旧立新，进入更高的人生境界。《史记·屈原贾生列传》以"蝉蜕于浊秽，以浮游尘埃之外"之词赞美屈原。《文选》夏侯湛《东方朔画赞并序》更有"谈者又以先生嘘吸冲和，吐故纳新；蝉蜕龙变，弃俗登仙"的话语。为来生谋求幸福的观念老早就有了，故而有丰盛的随葬品。汉代的人既然特为信仰神仙，不妨生前以玉蝉作为佩带或玩好物，死后以之作为填塞嘴巴的口琀，希望躯壳虽灭亡，灵魂却可脱离之而进入另一个令人期待的快乐生命。东汉以后，魏文帝不许盛葬，以九块玉填塞九窍的习惯消失，大概就改以饭团替代玉蝉了。

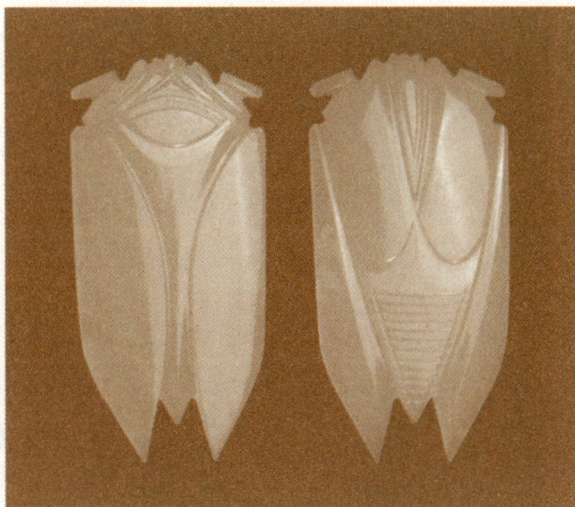

图一　和田白玉蝉

长五点七厘米，宽二点九厘米

西汉晚期，公元前一世纪至公元一世纪

dàn

旦

太阳将跳出海面的早晨景象。

◆ 字形变化 ◆

商甲骨文

两周金文

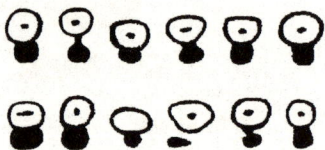

秦小篆

旦

现代楷书

旦

　　世界上各古老文化，其文字的创造、应用的方法、发展的途径，规律都是一致的。往往都是先标出记录内容的主要关键部分，然后才发展成有文法的完整语句。初期的文字以代表具体的事物的表形期为主，渐次进入指示概念、诉诸思考的表意期，最后因需求量太多，不胜造字之繁杂，才发展以音标表达意义为主的表音期。晚商的甲骨文，形声字已占有可识字的二成，说明已是相当成熟的文字系统，必是经过了长时间的发展。

　　在好些属于母系社会，六千多年前的仰韶文化遗址里，发现了刻画各种不同记号（图一）的陶器。这些记号几乎都刻画在相同的部位，陶钵的外口缘上容易见到的位置。这充分说明它们不是任意刻画，而是具有某种作用的。好多学者相信这些记号已具有文字的作用。

但是这些记号不但没有语言系统所必要的序列，其形态也和以象形、表意为主要基础的中国古代汉字，亦即商代的甲骨文和周代的金文，显然不是从同一系统发展起来的。个人或社区所拥有的器物、财宝应该是早期社会文字记载的最重要内容。这些内容在早期的文字中，主要是以描写具体物象的象形形式表现的。但是这些陶器上的符号都是抽象的记号，不见有明确不误的具体物象的描绘，反映它们尚不能记录事件而成为文字的体系。

比较可靠的征兆[1]见于山东莒县陵阳河的大汶口文化晚期陶器上的刻画符号，时代约是公元前二千五百到二千年。在墓葬中，妇女居从属地位，已属父权确立的时代。其形象，如有柄的石斧、石锛[2]（bēn）、羽帽等，与甲骨文、金文的字形有一脉相承的关系，即都具有图绘物体具体形象的性质。在一些商代晚期、西周初期的铜器上，往往铸有比甲骨文字形看起来更为原始、更为接近图像的所谓族徽文字。学者们一般相信，这些作为族徽的图形保存了比日常使用的文字更

---

[1] 征兆：先兆。

[2] 石锛：锛，削平木料的平头斧。石锛指的是石头做的平头斧。

为古老的字形传统。这种非常接近图像的性格正是大汶口晚期陶文的特点所在。

其中有一形（🐾）更具有重要的意义（图二）。它可能是"旦"字的早期字形，象太阳上升到有云的山上之意。甲骨文及金文的"旦"字可能表现太阳即将跳离海面的大清早景象。古人多居住于山丘水涯，每每以所居之山丘或河流自名其氏族，以表示居处的自然环境。此记号可以分析为从山，旦声。它用来表示居于山区的旦族，以别于居住于平地者。以象形的符号作为氏族名字或人名，就与随意、即兴地刻画图像具有很不同的意义。

当这个图形被选择作为代表特定的部族或个人时，所有熟悉该部族或个人的人，就比较可能通过这个环节，牢牢地把其图形与同一音读、同一意义结合起来。这种读音、意义、图形三者的密切结合，就具备了文字的基本条件。因此把图形符号作为氏族的代表，往往是有定法的文字体系产生的一个重要途径。

从造字法的观点看，这个图形由两个或三个图像组合而成，显然已不是原始的象形字，应是第二类表达抽象意义的表意字，或甚至是第三类，最进步的标出音读的形声字了。以大汶口的陶文为汉字的雏形，甲骨文的前驱，要较之以西安半坡仰韶文化一类的纯记号刻画为中国文字之始，较平实而可靠得多。

图一　仰韶文化遗址陶器上所刻画的记号

图二　可能是"旦"字的早期字形

知
识
链
接

氏族

　　氏族是原始社会由血缘关系联系起来的人的集体，是原始社会基本的社会经济单位，也叫"氏族公社"。

　　氏族社会的前、中期为母系氏族，整个氏族家庭是以女性为中心建立起来，后期男性在生产中占据主导地位，母系氏族便被父系氏族所取代。氏族内部实行外婚制，生产资料归属集体，集体生产，平均分配。

　　随着生产力的提高，氏族制度慢慢解体，被新的制度取代。

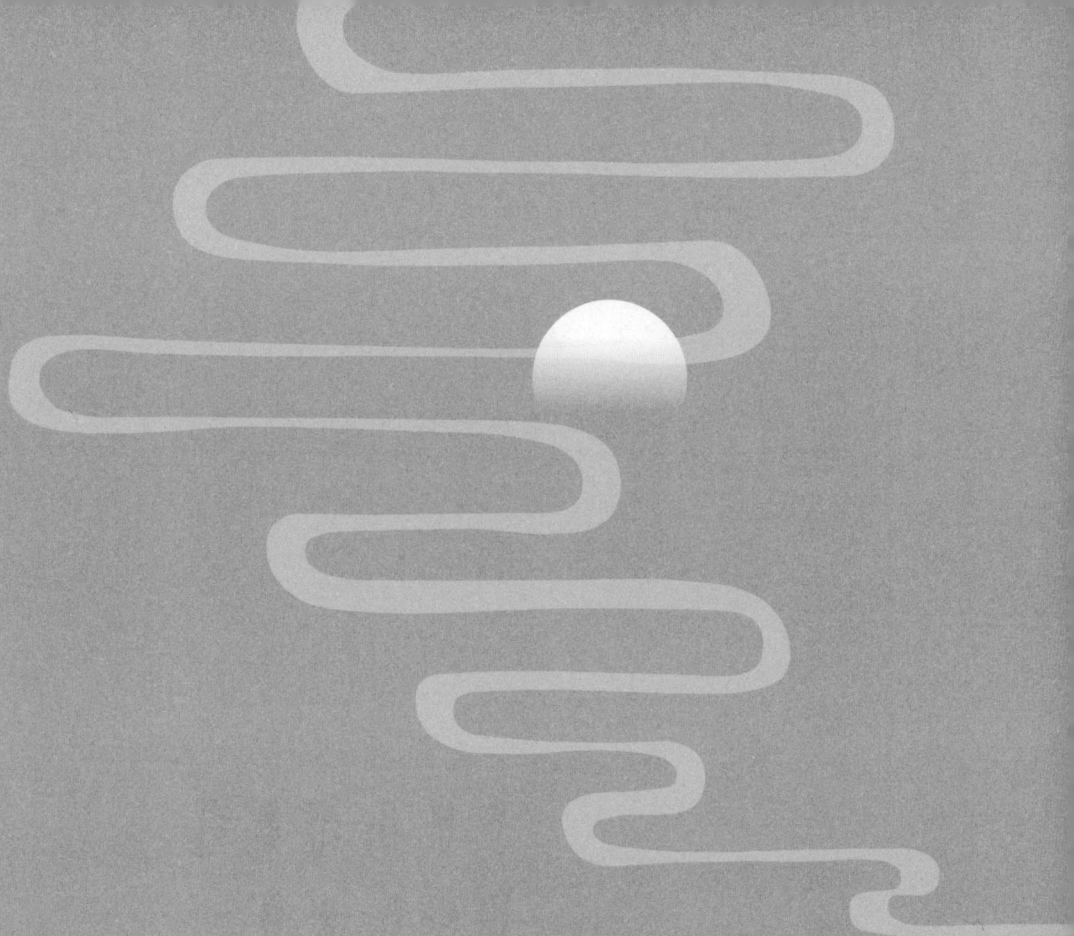

器物篇

一文字小讲青少版一

jiǔ

酒

窄口酒罐以及溅出的酒滴形。

◆ 字形变化 ◆

商甲骨文

秦小篆

现代楷书

酒

　　讨论中国文字体系的年代问题，也可以借重古人使用的器物。甲骨文的"酒"字，作装酒的容器以及溅出的酒滴形。描写的容器是窄口、细身、尖底的酒罐形状。但是商、周遗址出土的文物，装酒的容器都是平底的。为什么文字表现的情况和实际的形状有所不同呢？可能的答案是甲骨文承继了古代的字形，忠实地反映更早时代的器形。

　　一般以酒器始见的时代而认为中国在龙山时代开始酿酒。"酒"字所描写的器形大致与六千多年前的仰韶文化，高四五十厘米的窄口尖底瓶形状相同。腹部的两个半圆纽是到了五千多年前消失的。一般认为仰韶的窄口尖底瓶是盛水器，不是酒器。但是在加拿大皇家安大略博物馆展示的西洋酒文化特展的文物中，笔者赫然发现古代从欧洲运到北非的葡萄酒，盛装的容器竟然和仰韶文化西王村类型的尖底陶器（图一）绝似。口窄小的功能是为了防止液体外泄，细长的身体是便利人们或家畜背负，尖底是为便利拿在手中倾倒出来。为此便利，尖底有时做成短柄的形状，有如甲骨文的"稻"字，装米的罐子底下常作长柄状（𣏾𣏾𣏾）。稻米是华南的产品，运往华北时只取米粒而装在罐中以减轻运费。大概也以牲畜载运，一如欧洲的葡萄酒，故采用瘦高的罐子，充分利用载运的空间。长柄则是为了方便以手持拿，倾倒分装入其他的容器。这种尖底陶器在庙底沟以后的文化遗址中不见或很少见，可能与水井的开凿普遍有关。在较早期的年代，水要从远地的河流运搬回家，故水瓶腹部附加两个圆纽以便系绳背负。后来有了牛马家畜，可以由之背负而不必有纽系绳，一如游牧民族的辽、金时代，制有装运酒的超过半米高，方便以马负载的窄长陶罐。往后人们在住家附近凿井，就不用从远地运来，故也不再需要这种造型的运水容器了。商代有牛车，可能就不再使用尖底陶罐运送水酒，故也见不到这种样子的陶器。商代的"酒"字，既然描绘的是庙底沟文化类型以前的造型，则和城郭^①的圆形轮廓一样，应是四千二百年前就有的事实。

图一　仰韶文化西王村类型的尖底陶器

---

① 城郭：指城墙或是城市。这里指城墙。

知
识
链
接

皇家安大略博物馆

　　皇家安大略博物馆位于多伦多市，是加拿大最大的博物馆。于1914年开放，至今已有一百多年的历史。该馆馆藏丰富，种类繁多，有600万件藏品，希腊和罗马的藏品居多；下设众多分馆，如爱琴海青铜时代展览馆、加拿大原住民展览馆、埃及馆、雅典馆、中国馆等。其中，中国馆藏有青铜器、甲骨和陶俑等珍贵的藏品。

dǐng

鼎

象形，古代最重要之炊器。

◆ 字形变化 ◆

商甲骨文

两周金文

秦小篆

现代楷书

鼎

　　甲骨文的"鼎"字是个象形字，作圆腹或方腹而有耳有足的煮食器形（鼎 鼎 鼎），不管其制作的材料是陶土、金属或玉石。陶制的鼎早在七八千年前就已在华北出现，是传统兼为烧煮饭与菜的器具。四千多年前别为设计，把实体的脚做成虚空的鬲以烧饭，鼎就成为专门烧菜肴的器具了。鼎本来是家家户户天天都得使用的器具，所以"具"字就以双手持拿鼎表示（具 具）。就像裁衣首先要动刀，宴客的开始是备齐煮食的器具，以鼎为代表。鼎本来无象征阶级的意义，但是到了青铜器的时代，就有以铜铸鼎，并作为祭祀鬼神的高贵礼器，就成了贵族才有财力制作的东西而成为权位的象征了。到了周代并演成一种随葬制度，以鼎与簋①（guǐ）作为品级的标准，国君是九鼎八簋，诸侯及大夫则依次为七鼎六簋、五鼎四簋、三鼎二簋。

铜鼎由于重量比陶制的重得多，器身也滚烫，不便空手提起，就在口沿上铸一双对称有孔洞的立耳，以便以竹、木的棍子穿过抬起。陶制的较轻，能轻易捧起，不必有提耳。如果要求新奇，也想捏制提耳时，因陶器质料较脆弱，不便设在口沿上，就安置在两旁。有些较轻的鼎也采用此种型式以求变化。对称的提耳大致作方形与圆形两种。讲究的鼎耳还装饰有复杂的图纹或形状，图一这件圆耳素面无饰。大部分商代的铜鼎器身都装饰有动物形象的图纹，或作侧面的全身形，或作正视的颜面形。但是图一这件器身的主要部分，却是在细方回纹的背景上施以宽边的联结"己"字纹。这是商代罕见的形式而后代多见。口缘下的颈部才装饰晚商典型的侧身龙纹。陶鼎由于成形的方便多作圆形，铜铸的不妨做成方形，故商代也有较少量的方鼎。陶鼎也有受此影响而塑造成方形的。总的来说，各种器类的方形数量较少，而且消失也较早。可能是方形器的四角较易受到碰撞而毁损吧。

铜鼎的尺寸和重量大小相当悬殊。迄今所见商代最大的

---

① 簋：古代食器。

铜鼎，高一百三十三厘米，长一百一十厘米，宽七十八厘米，重八百七十五公斤。但小的才几厘米高，重十几克。这么小的东西应当是非实用性的明器。一般的都有二十到四十几厘米高，口沿直径则十几到二十几厘米，腹深十几厘米，重几公斤，可容几升的食物。

早期的鼎绝大多数无盖子，春秋之后附有盖子的铜鼎越来越多，这可能与鼎兼为陈列之器有关，基于卫生与保温的考量。同时有些小鼎还有流与盖，用以盛酱醋，是考究美味的表现。鼎在汉代之后消失，大致是因这个时代大量架设立体灶，鼎的支脚成为多余，故又恢复为八千年前的锅子的形状。

鼎在古代还有政治上的作用。传说夏禹治水有功，继舜而为王，以诸侯贡献的青铜铸了九件大鼎，象征当时所管辖的九州。这九件大鼎就成为国家的象征，改朝换代时也由新的帝王来保管。传至周代时，《左传》宣公三年记载楚庄王有意要取代周王而为中国的盟主，就向王室官员王孙满问那些宝鼎的轻重，显示其国力足以取代之。到了汉代，又造出秦始皇在泗水打捞这批传国的宝鼎，结果有龙出现，咬断拉曳的绳子，使捞得的宝鼎再度失去，以应秦国传国不久的命运。

图一 联结"己"字纹青铜圆鼎

高三十三点九厘米

商代，公元前十三世纪至公元前十一世纪

知
识
链
接

后母戊鼎

　　商代晚期的青铜器，是商王文丁为祭祀其母亲戊而
制作的青铜器。1939年于河南安阳出土，现藏于中国国
家博物馆。因腹内壁刻有"后母戊"的铭文，遂以此命
名。鼎上纹饰精美，种类众多，有云雷纹、饕餮纹、鱼
纹等。

　　后母戊鼎是现存最大的商代青铜器，四足，立耳，
鼎高133厘米，重875千克。

鬲

空足之煮饭器形。

◆ 字形变化 ◆

商甲骨文

两周金文

秦小篆

现代楷书

鬲

　　之前介绍过"鼎"字，鼎是七千多年前就已出现的煮食容器，原来是圆形的陶盆而在底部加上三个支脚，利用三脚之间的空隙积薪柴炊烧食物，算是个活动的灶台。可能因铜铸的鼎也有方形四脚的，从前面看起来就好像是两脚，所以甲骨文的"鼎"字都写成了两个支脚的样子（𣇄 𣇄）。鬲是四千多年前才从鼎分化出来的器形。鼎的支脚是实体的，而鬲则为虚空的，或是腹部有几个明显膨胀凸出的区隔。甲骨文的"鬲"字都把三个虚空的支脚描写得很清楚（𩰬 𩰬 𩰬 𩰬）。之后的金文（𩰬 𩰬 𩰬 𩰬）和小篆（𩰬），基本上也都保留了三个支脚的形式。

鼎本来兼为烧煮饭黍与菜肴的容器，可能是基于节省薪柴的考量，就把实足做成虚空的袋足形状，这样就使得支脚的部分也可以受热煮食。这种形式的容器比较适合谷类的食物，而不适合蔬菜与肉块。中国古代的菜蔬都是以羹汤的方式处理的。蔬菜要加上肉、鱼及作料才会有味道，烧煮的时候就要时时以匕匙搅拌，这样肉与菜才不会沉底而烧焦。器身的周围如果不平顺，搅拌的时候就会受到干扰，所以不便使用鬲状的容器。谷粒则因为颗粒细小，会随着翻滚的水沸腾而使谷粒不至沉底烧焦，所以不必时时以匕匙搅拌。甚至最后还要撤去柴火，覆盖之使焖上一段时间，谷粒才会熟透而可口。华北的文化区开始流行这种袋足的烹饪器，除了节省薪柴的原因外，实在想不出更好的理由。

鬲和鼎还有容量上的差异，大概一家人一天的饭量有限，所以鬲的大小比较一致，高十几厘米，口沿二十厘米上下，但铜鼎的尺寸和重量大小就相当悬殊。迄今所见商代最大的铜鼎，高一百三十三厘米，长一百一十厘米，宽七十八厘米，而重八百七十五公斤。但小的才几厘米高，重十几克。一般的也都有二十到四十几厘米高。

袋足鬲的流行似乎到了商周之际起了变化，袋足的高度越来越短。袋足里的空间也越来越浅，有的几乎变成实足而与器底齐平，只在器身显出一点膨胀的区隔而已，如图一和

图二。这样一来，器形就介于鼎与鬲之间而有鬲鼎的名称。

以鬲烧饭虽然可以节省薪火，但清洗就比较费事。一般容器可以用刷子轻易清洗干净。但用刷子清洗鬲就不很有效，因为刷子伸不进虚空的鬲足里头。就算能够伸进，也很难把饭粒挖取出来。所以甲骨文的"彻"字，就作一只指头扭曲的手在一件袋足鬲的旁边（刷），创意应是用弯曲的手指才能彻底地把鬲里头的饭渣清洗干净。鬲的形制在汉代之后消失了，原因除了和鼎一样，因立体竖灶的架构，使支足和膨胀的器身都无所发挥作用外，也可能和这个不便清洗的缺点有关。

鼎的作用比鬲宽大，兼为烧煮肉蔬与饭麦。可能铜鼎作为贵族的表征，带有政治的作用，因此有关烹饪的字大都以"鬲"的结构表达。"鬲"的旁边有两道上升的烟气（鬲）就成为部首（鬻），部之下隶属有十几个形声字。如"粥"，本来写作"鬻[①]"，以米在鬲中熬煮而有烟气上腾之状表达意思，后来简化去"鬲"就成"粥"字了。

[①] 鬻：有 yù、zhōu 两个读音，文中应取 zhōu 的读音，是"粥"的本字。

图一 堆砌纹红陶鬲 高十五厘米

商代二里岗期，约公元前十七世纪至公元前十四世纪

图二 （左）饕餮纹青铜鬲 高二十一厘米，口十四点八厘米

商中前期，约公元前十六世纪至公元前十四世纪

（右）伯邦父青铜鬲 通高十二厘米，口十八点五厘米

周晚期，公元前九世纪至公元前八世纪

píng

平

称重物的天平式秤杆形象。

◆ 字形变化 ◆

两周金文

秦小篆

现代楷书

平

　　甲骨文还见不到"平"字，从金文的字形及使用的意义看，创意应该就是来自称重量的衡器，作一个支架的两端各有东西放着的样子（𠂭）。称重量的器械最早是天平。它是一种利用平衡原理的设施，如果一端的重量已知，就可以在同样距离的另一端称得等量的东西。天平架子的两端要保持平衡，才能称得正确的重量，故才有均平的意义。天平的臂杆越长，则误差越小。埃及于五千年前就晓得其原理（图一）。天平是计算重量最可靠的方法。但因为要使两端重量绝对平衡比较费时，所以现今一般人不使用这种方法，只有称贵金属或科学性的分析时才使用。中国目前所发现的天平实物虽以春秋时代为最早，但商代就应该有，甲骨文的"于"字就是天平的秤杆的形象（干 于）。早期的天平因所称的东西以袋装的粟米一类重物为主，支架有加固的必要，所以常作复体的形象（丂 丂）。后世多称重量轻的贵重物品，故容易使用悬吊式而以单手提起。到了战国时代，人们也领会了杠杆的原理，利用支点、距离与重量之间的关系以称量物体的重量。利用这种原理，不但可用较轻的权以称重物，也能更精确地用较重的权以称轻物，是衡器制造的一大改革，汉以后盛行的形式（图二、图三）。

民俗艺术中常以花瓶表现平安的愿望，瓶中插进一戟（jǐ）与一磬（qìng），就是表达吉庆平安。现在借用同音的屏风来表达。屏风本来是设计让病人靠背用的。当客厅中这张笨重的床榻退至寝室而成专供休息的卧具时，屏风的形式被保留下来，成为大厅分隔公开与私密部分的家具。到了使用高书桌的时代，喜爱书画的文士，就做成小型的，分隔书桌上的书画工具，腾出与客人晤谈①的空间而成摆设的家具。这件小屏风（图四），用二十八块彩绘浮雕的象牙板，嵌镶在七件可组装的框架上组成。上头装饰很多的象征吉祥与祈望长寿的图案，无疑是一件祝寿的礼物。

① 晤谈：见面谈话。

　　每一屏图案的配置都一样而图案不同。最上一列的都有三样东西，分别为瓶子、香炉和盛放瓜果的盘皿。譬如最左一屏所盛放的是代表长寿的桃子。西王母所居住的地方，其蟠桃树每三千年开一次花，又三千年才结果子。吃了这样的桃子，使人长生。第三屏盛放的是一柄如意，代表事事如意。第六屏盛放的则是石榴。石榴子多，象征多子多孙。

　　屏风的主要画面都是处于山峦、树林、彩云间的人物。左边的第二幅是描写八仙各带着礼物，前来向南极仙翁祝寿的景象。其他的描写神仙们从事下棋、吟诗、饮酒、写字等雅兴之事，以及向西王母献寿酒的景象。

　　第三栏的图案是纠缠的成对神兽。第四栏是代表吉祥的东西。自左至右，依序是寿桃、万寿菊与山茶花、高贵的木兰花与牡丹花、多子多孙的莲花与婚庆的喜鹊、长寿的松树、福气的蝙蝠及长寿的山石和灵芝，以及最后一幅的灵芝。

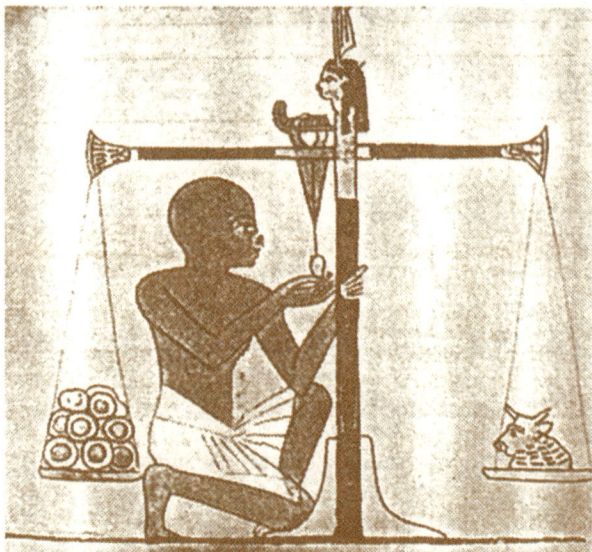

图一　公元前一千三百多年埃及墓壁画上的支架式天平

图二　长沙战国墓出土的天平与砝码，
最小的砝码只重零点六二克

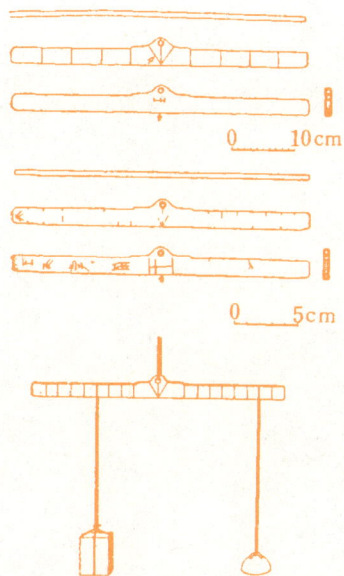

0　　　10cm

0　　　5cm

图三　战国时代的不等臂铜衡

图四　象牙木框的祝寿图纹屏风

高六十点三厘米，清代，公元十八世纪

知
识
链
接

戥（děng）子

　　也叫"等子"或"戥秤"，是测定贵重物品（如金、银）和某些药品重量的小秤，由戥子盒、戥子杆、戥子盘、戥子锤组成。其构造原理和杠杆相同。戥子的计量单位为斤、两、钱、分、厘、毫，1斤为16两，其余为十进位。

　　《红楼梦》第五十一回写道："麝月便拿了一块银子，提起戥子来问宝玉。"由此可以看出，戥子是古代人日常使用的工具。

jiān

监

一人俯视一皿，观看自己的容貌。

◆ 字形变化 ◆

商甲骨文

两周金文

秦小篆

现代楷书 监

　　爱美可能是所有动物的天性。很多我们知道的动物，就以美丽的外表来吸引异性的注意与爱慕，乃至达到最终的繁殖目的。人类自不应例外。人类吸引异性的方式大致比其他动物花样多而微妙，比如我们有时还要充实学识、技能、行为等超乎形象的美，但基本的体态之美是忽略不得的。

　　看别人美不美很容易，但如何让自己确定自己的美丽形象，尤其是容貌，已经显现出来了呢？当人们意识到有必要展示自己美丽的形象时，可能就开始动脑筋，如何确实把握到这一点。要看到自己的形象，就需要有东西可以反射光线，让影像进入我们的眼睛。

　　自然界有不少物质可以反映光线，最容易得到的无过于静止的水面。相信远古的人们到河岸取水或捕捉鱼虾时，就已经发现这种光线反射的现象而以之映照容貌。等到陶器发明后，用水盆盛水而就近观察，就可以省却出门的麻烦了。而且其效果也比老是有波纹荡漾的溪流水面来得好。甲骨文的"监"字，作一个人弯腰向盆里观看映像之状（ ）。这就是最原始的镜子，所以镜子原先的名字是"监"，后来晓得以金属制作就叫作"鉴"。镜子是后来的名字。

　　以水盆映照面容虽是不花费的方法，但水的反映效果并不佳，而且也不能随身携带以满足不时之需。因此有较好的映像材料出现后，这种原始的方法就慢慢被淘汰了。比如表面摩擦得光亮平滑的金属平面就可以映像，所以中外都在发现了金属的物质后不久，就尝试制作镜子。例如埃及在四千五百年前已有以金、银、青铜等捶打制作镜子。至于中国，据目前的考古证据，在距今四千多年前的齐家文化时代也有铜镜。

　　金属中，反射效果最好的是银。但考古发掘尚不见中国商代以前有以银制造的器物，现今存世的也只有一二件嵌镶银线的铜器。至于黄金的器物，也只见少数的小件首饰。因此适用的材料便只剩下青铜。但青铜在初期也是昂贵的材料，主要为关系到国家生存的"祀"与"戎"服务，铸造祭器与武器。镜子不是维持生存所必需的,故铸造的数量非常少。到了战国时代,冶铁业兴盛,很多铜器被铁材所取代,才见大量铜镜的出土。

青铜的合金成分与其呈色和性能都有一定的关系。当锡的成分递增至十分之四时,其呈色就由赤铜、赤黄、橙黄、淡黄而至于灰白。白的反光效果虽最好,但锡的价格较高,而且锡若占四成以上,质量就太脆弱,不经久用。故铸造铜镜时,锡的成分一般是三成左右,可使质料坚韧但呈色近于灰。为了增加白的呈色,即光线的反射效果,乃在铸成之后,更用锡与水银的熔剂(即玄锡)摩擦镜面使其光亮,以增加影像的效果。《淮南子·修务》:"明镜之始下型,矇然未见形容,及其粉以玄锡,摩以白旃[①](zhān),鬓眉微毫,可得而察。"实验的结果,其效果几可比美现代的玻璃镜子。以后每年也要同样加工,磨拭镜子一次,否则映像就会模糊,故古时候有磨镜的专业。

---

① 白旃:白色的毡子。

图一　嵌镶绿松石套铸青铜方镜

高九点一厘米

东周时代，约公元前五世纪

xūn

熏

薰香之香囊形。

◆ 字形变化 ◆

两周金文	東 棗 東 棗
秦小篆	熏
现代楷书	熏

　　《说文解字》："熏，火烟上出也。""籃，大篝也。从竹，监声。匫，古文籃如此。"人类一直在想办法让生活过得舒服些，不管衣、食、住、行哪一方面。在住家方面，不但空间要大，建材要理想，气氛也要有相当程度的配合。从文字可推断，起码从西周时代起，人们就想让呼吸的空气舒服些。金文的"熏"字，作一个两头都束紧的袋子而内里有物之状，从使用的意义可以推知，此袋子为香囊，里头装的是干燥的有香味的花瓣、叶子一类的东西。香囊可以杂放在衣服中让衣服沾染香味，也可以佩带之走动，随处生香，反映对住家生活的改进。古代的文献经常谈到使用薰草。它是种禾本科的植物，也称蕙草或兰蕙。它自身能放出香气，也可以焚烧的方式扩散香气，故有"薰以香自烧，膏以明自销"的诗句。小篆的"籢"字，其意义就是熏炉，其古文字形（籢）即作一屋中在熏炉之上放有两束薰草之状。

薰草生长于湖南、两广一带，取得不难，故秦、汉时代使用薰草甚为普遍。到了西汉中叶，对闽、广地域渐有所认识，也和西亚较有贸易接触，知悉龙脑①、苏合等树脂类香料。龙脑为树干中所含油脂的结晶，产于福建、广东，以及南海、波斯等地。苏合产于小亚细亚，为金缕梅科乔木。其芬芳馥郁②远超过薰草，自然乐于采用而渐渐取代之。这些树脂类的香料不能直接用火燃烧，须经过捣打的步骤制成粉末，然后才放入炉中的承接器间接用炭火加热，不使燃烧太快而耗费钱财，因此不能不改变焚烧的方式而有博山炉新器具的产生。梁代吴均《行路难》有诗句"博山炉中百和香，郁金苏合及都梁""玉阶行路生细草，金炉香炭变成灰"，就具体描写了以博山炉焚香的情况。此种容器要做成深腹以容纳炭火，盖子使氧气不充分而慢慢消耗香料，山峦隐蔽处也做成烟孔，使香气能够逸出。

---

① 龙脑：一种白色晶体，有类似樟脑的香气，存在于龙脑树树干中。
② 馥郁：形容香气浓烈。

焚香本来是为自己增加生活的情趣而做，对于神仙，当然要以人们最珍贵的物品去礼敬，因此焚香自然也成为信仰的方式之一，甚至成为主要的功能。南北朝以来佛教盛行，焚香渐成为宗教的行为，焚香的器具也稍有变化，成为佛具而少见于家庭。到了北宋更制成方便使用的棒香，就几乎成为宗教专用的商品了。

图一　青铜香薰

高十二点七厘米，口径八点五厘米

战国中期，约公元前四世纪

dōng

东

作一个两端束紧的袋子形状。

◆ 字形变化 ◆

商甲骨文

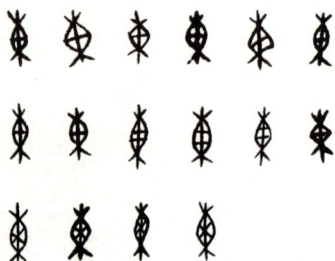

两周金文

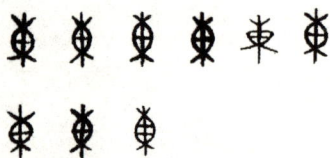

秦小篆 東

现代楷书 东

　　人的生活是离不开方向的，尤其是古人。因为动植物的
生态与阳光的照射条件有绝对的关系。植物是大多数生物的
食物源头，植物不生长在有阳光的地方，就难从根部获取养
料。不但未定居的渔猎采集社会，人们要依一定的路线和方
向做有规律的季节性移动以寻找食物，就是定居的农业社会，
也要选择能够得到适当日照的地点，确定季节的到来，以便
栽培的作物能够顺利生长。因此，没有正确的方向认识，就
等于放弃了最佳生存机会的选择，难于在竞争激烈的自然界
中繁殖。所以认识正确的方向是动物觅食的重要技能，也是
很多动物天赋的本能。

　　自然界中没有什么比日月星辰的运行更可指示正确的方向，所以人们很早就注意到天空的景象而发展出天文学。太阳每天从同一方向上升，从另一个方向下落，日久必然引起人们的注意而依之以确定方向。所以大多数的民族都是先知道东与西的方向，后来才有南、北方向的意识。一年中春分与秋分这两天的日出和日落才在正东与正西的方向。所以对于季节的认定也先有春与秋，后来才发展出冬季和夏季。中国在商代的时候就只有春与秋两季，进入西周才细分为四季。

　　太阳既然是辨识东方的最简单与容易被领会的指标，则以太阳作为创造"东"字的根源应该是合理的，所以《说文解字》对"东"字的解说是："東，动也。从木。官溥说：从日在木中。凡东之属皆从东。"不过，有了甲骨文的字形，就不能不排拒这个假说。

　　甲骨文的"东"字，作一个两端束紧的袋子形状（東 東 東 東）。这种袋子大致是填装重物用的，所以袋身上有好几道的捆缚绳索，以方便提携。如果是单手可以提起的，大致就不必多加捆缚了。大型袋子大概不会是引申自东方地区特有的器物，所以以此形作为东方使用，应该是属于音读上的假借。

　　从西周开始，袋子上交叉捆绑的绳索就不再见，只留下平行的横线（東 東 東）。进一步变化是把前后捆绑的线条与袋身分离，就成了小篆的字形（束），看起来就像日在木中之状。中国有个相当晚的传说，太阳沐浴于东方的扶桑木或若木，每天早上从此树上升，照耀人间，黄昏后回此树休息。很可能就是基于后代字形的联想而杜撰出来的。甚至，一旬有十天，也因之附会天上本有十个太阳，造成干旱之灾，难于生活，有后羿射下九个太阳为大家解除困境。

商代的统治者把自己居住的地域看作被四周方国所围绕的政治中心。商王向四方致祭，希望东南西北各方向所管辖的地域和盟国，都会得到上帝的眷顾，获得好收成。在商人的想象中，四个方向和来自四个方向的风都有专职的神管理，各有其专名。自实用说，中国的地域，东边是海，南边靠近赤道，西边是内陆，北边靠近极地。因此，自东方吹来的风比较可能带有湿润的空气而易致下雨，南方吹来的风燠热，西方吹来的风干燥，北风则寒冷。它不但影响我们安排生活的方式，也能告知季节的来临。

xī

西

作篮子一类的编织器物形。

◆ 字形变化 ◆

商甲骨文

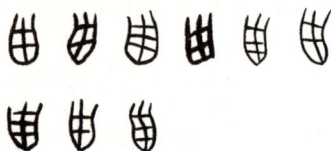

两周金文

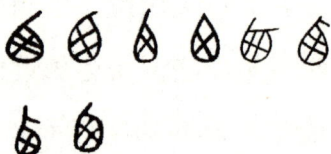

秦小篆

现代楷书

西

　　之前介绍过"东"字，甲骨文的形象是个大型的囊袋，大概因音读的假借，用以表达东的方向。"东"的字形逐渐演变，像是以日在木中构形，被曲解为以太阳栖息于树上会意，有可能因此产生太阳由扶桑木上升至天空的神话。

　　自然界中，太阳每天从同一方向上升，从另一个方向下落，最容易引起人们的注意而依之以确定方向，所以大多数的民族以太阳在天空的运行途径确定方向，先知道东西，后来才更有南与北方向的确定。一年中春分与秋分这两天的日出和日落才在正东与正西的方向。所以季节的认定也先有春、秋，后来才又发展冬与夏的季节。

　　既然误认"东"字是得自太阳上升的概念，与之相反的西方，也取自与太阳有关的景象，应是很好的推论。所以《说文解字》给予"西"字的解释是："䧿，鸟在巢上也。象形。日在西方而鸟西，故因以为东西之西。"认为"西"与"栖"同一字，以鸟在黄昏之后飞栖于西方表意。从篆文的字形看，确实是有点像鸟儿面向西方的样子。鸟儿是不是朝向西边栖息，或飞向西边的树木栖息，虽然还有待求证（鸟儿好像有列队面对下山的太阳的习性），但从甲骨文的字形看，不能不让人对这种解释有所怀疑。

　　甲骨文的"西"字（ ）与小篆的字形有相当大的差异。我们可以确定甲骨文"西"的字形，是因为在商代的卜辞中，像"尞①（liáo）于东""尞于西""尞于南""尞于北"这样四个方向都陈述完整的例子有好些个。比较了金文（ ）与篆文（䧿）的字形，可以了解这个字的变化途径。"西"字到底是以何形象创意？很难百分之百地肯定。有学者以为是藤条、竹皮一类编织成的篮筐。不妨暂时这么认定。其变化，首先是篮筐上部的线条省略成一道，下面的近方形的圈圆起来（ ）；接着是上部突出的短线多了一道横出的短线（ ），这是很多文字变化的规律；然后是小篆的

---

① 尞：指窗户或房屋。

线条弯曲而离析^①（圖），使得整体看起来像一只鸟儿蹲在巢上之状。

　　动植物的生态与阳光的照射条件有绝对的关系，植物如不生长在有阳光的地方，就难从根部获取养料。动物也不得不到有植物的所在求食，所以辨识正确的方向往往是动物求生的本能。人类应该不例外，也是很早就能分辨方向的。如果要求证据，可以利用墓葬的方向加以说明。

　　六千年前的坟墓也可以具体表现人们对方向的意识。陕西的半坡仰韶遗址，在保存较完整的一百一十八座坟墓中，绝大多数的头向西，只有一座向东，九座向北，七座向南。稍迟的山东大汶口文化遗址则相反，在一百三十三座坟墓中，只有十分之一不面向东。虽然我们尚不了解这种特定墓葬的方向——在西方的仰韶文化西向，东方的大汶口文化东向——有何实用或宗教上的意义，但已足说明在埋葬时，人们有意识地选择某种方向。还有，在河南濮阳一个六千多年前的墓葬中，分别用蚌壳在尸体之两旁排列成龙与虎的图案。它与战国早期以龙、虎分别代表东西各七个星宿的情形相似，应该也是对东西的方向已有清楚认识，并有某种信仰的证据吧。

---

① 离析：分散开来。

图一　朱绘二十八宿漆木衣箱

长七十一厘米，宽四十七厘米，高四十点五厘米

战国早期，公元前五世纪至公元前四世纪

wǒ

我

刃部象锯齿或波浪形的兵器形。

◆ 字形变化 ◆

商甲骨文

两周金文

秦小篆

现代楷书

我

　　说到自己，这是每一个社会在交谈时都会碰到的事。交谈时不成问题，但如果想把交谈的内容记录起来，就会有点麻烦了。因为每一个人的脸孔都不一样，也不是人人都能把自己的脸孔逼真地给描绘出来，让人一眼就能辨识。因此如要创造一个文字的意义是自己，最方便的方法就是借用一个同音的文字去表达。甲骨文最常用以表达自己的字是"我"。那么，"我"的原形是什么呢？

　　甲骨文的"我"字，作 、、、、等形。从好几个字形，可以了解它是一件捆绑在长柄上的工具。像"戈"（），是捆绑在木柄上而有长刃的杀人武器形。"戉"（钺）（），是捆绑在木柄上的宽弧刃的重兵器形。"戌"（𠄌），是捆绑在木柄上的窄长平刃的仪仗武器形。看起来，"我"字就是一把刀刃呈现锯齿或波浪形的兵器了。

竞争是自然界成员为了生存所不能不采取的手段。在寻求必要的生存物资时，当双方的利益不平衡，为了保存自己，不能不通过各种途径以达到压制对方的目的。战争是压制对方，解决争执的有效方法之一。最激烈的行动是把对方消灭。在可以行动的人及动物界，用攻击的手段加以屈服、伤害对方是很平常的事。

很多野兽奔跑迅速，身躯强壮，爪牙锐利，非人类所能匹敌。但人类有充分的脑力，可以借助他物来防御自己，去攻击野兽。所以在长久的斗争中，人类终于成为胜利者。野兽完全失去反抗人们的能力。在人与野兽争斗的时代，因为人与兽的智力悬殊，不必创造太精良的武器就可以制服它们。但到了人与人相争的时代，如果没有更优良的武器与战略，就难于压服智力与体力相当的对手。所以随着战争规模的扩大，武器愈见犀利，战斗的应用也愈见灵巧。武器成为人类最可依靠，最足以惊吓他人的工具。因此武器不但是杀敌的利器，也是炫耀威权的仪仗。

甲骨文有个"义"字（𦫳），字形与"我"最为接近，只在我形兵器的柄端加上两条弯曲的装饰物而已。"义"有人工的、非本来的、非实用等意义，可以了解，"义"是种表达身份，非实用性质的仪仗器，以美丽为制作的重点。

杀人的武器与表现威仪的仪仗有个绝对不同的重点。为了达到更大的杀伤能力，武器不断被改良。为了适应新形势，也要创造新的武器。一旦有了更具威力的武器，就会把效用较差的放弃。以戈为例子，初时铜戈以下边的利刃砍劈或钩勒敌人。后来戈刃逐渐被改良，把它延伸向下而成为胡，使刃的长度和攻击的角度都适度地增加，以对付穿戴保护头部的盔胄，针对攻击颈部与肩部的新目标。同时为了要增加铜戈捆绑于木柄的牢固度，也在戈的胡上铸造孔洞以方便捆缚，并把木柄做成椭圆形以方便掌握。后代的遗址就很少看到早期的形制。反观源自工具的钺[①]、戚[②]、斧等种类，就没有什么相应的变化，一直保持同样的形式，很难从形制看出其时代性。反映了实用性与非实用性的差别。

---

① 钺：古代兵器，青铜制成，圆刃或平刃。
② 戚：古代兵器，属于斧的一种。

图一 青铜钺

长二十二厘米，刃宽十三点六厘米

商代晚期，公元前十四世纪至公元前十一世纪

jiè

戒

双手持戈，警戒之状。

◆ 字形变化 ◆

商甲骨文	
两周金文	
秦小篆	
现代楷书	戒

人类的手，于能利用材料制作器物外，也同时能灵活使用器物，方便很多工作的进行。人不但能单手使用器物，也可以双手协调，使用大型的器物。以下介绍两个字。

"兵"字，甲骨文作双手拿着一把装有柄的石斧（斤）状（㒸㒸㒸）。"斤"是早在原始社会就已有制作的工具，字形是描绘一把在木柄上捆缚石头的发掘或伐木工具（ㄅ）。石头只要够厚重和有棱角，就足以造成杀伤力，所以在青铜发明以前，借用现成的石斧就足以对付野兽，不必另为制造武器。不但新石器时代的人们以工具作为武器，就是后代农民反抗政府的苛政，没有合适的武器时，也暂时使用农具替代。到了有坚韧锐利的青铜材料的青铜器时代，此时争斗的对象已不是动物了，是智慧相等的人类，也因此不但武器改以青铜制作，连器形也针对人类的弱点，改良成戈、矛一类了。"兵"本来的意义是武器，后来才扩充以表示持用武器的兵士。

"戒"字，甲骨文作双手紧握着一把铜戈（ ），表现出警戒的备战状态（ ）。铜戈是利用挥舞的力量，以刀尖砍劈头部，或借用锐利的刃以割拉脆弱的颈部，而达到杀敌的目的，其初形有可能是取自农具的镰。戈是战争升级、国家兴起的一种象征。短柄的戈长度大致为八十几厘米到一米，可单手使用，让另一手拿着盾牌保护身体。甲骨文及金文都有作一手拿着短戈，而另一手拿着盾牌的字形（ ）。但短兵距离敌人近，比较危险。若加长，远距离攻击就比较安全。柄长若超过两米，就得使用双手持拿，同时也增加挥舞的力道，造成更大的伤害。不作战的时候，长戈也可用单手持拿，但备战时一定要双手拿着，才能适时反击，所以用双手持戈以表现警戒的备战状态。

gē

戈

长或短柄的实战兵戈形。

◆ 字形变化 ◆

商甲骨文

两周金文

秦小篆

现代楷书

甲骨文的"戈"字，作一把装在木柄上而有长刃的武器形（⌁）。戈是中国从商代到战国时代，一千多年间常见的武器。它是利用金属的坚韧与锐利性，针对人类身体的弱点所做的设计。它是战争升级、国家兴起的一种象征。短柄的戈长度大致从八十几厘米到一米，可单手使用。长柄的就得使用双手。战车上使用的，就往往超过三米长。

兵戈除了杀敌之外，平时还可以充当仪仗，增加个人的威仪，敬神的时候也可以作为跳舞的工具。为杀人而设计的戈，其刃都是细长而尖锐的。但作为仪仗及跳舞的，重点在展示，故造型经常是美丽而不切实用的。图一的这一把，刃作尖圆之状，显然重点不在攻敌的效果。

商代甲骨文有刻辞如图二，由下而上作：

于丁丑祝夔史？

（在丁丑日向夔史祝祷，好吗？）

丙申卜，叀（zhuān）兹戈用于河？

（在丙申日卜问：对河神使用这个戈适当吗？）

叀旧戈（用于）河？

（对河神使用旧的戈适当吗？）

河在商代卜辞中专指黄河之神，与霍山之神的岳，是影响农业收成的两位重要神灵，频繁接受隆重的祭祀。对黄河之神使用戈，应有正面的意义，绝不是要对之有所加害。而此"戈"字又作横线之前另有一个三角形的援（ ），表现与图一的特征一致。其使用的对象既是黄河之神，就比较可能是当作乐舞的道具。

持用武器的舞，古代是只有国君才能有的威权。《礼记·明堂位》："升歌《清庙》，下管《象》，朱干玉戚，冕而舞《大武》。""武"字甲骨文作一把戈及一个脚印形（ ），大半就是表现持戈与盾，宣扬武功的舞蹈。西周一座燕国墓地发现四件有"郾（燕）侯舞戈"铭的铜勾戟，多件盾牌上的铜泡有"郾侯舞易（yáng）"铭文。湖北荆门也出土一把有"大武开兵"铭文的铜戈，戈上并有手持状如蜥蜴之舞具的舞者的花纹。可证"武"是种手持拿干戈的舞蹈。

《礼记·乐记》有"大武"舞的具体描写："总干而山立，武王之事也。发扬蹈厉，大公之志也。《武》乱皆坐，周、召之治也。且夫《武》始而北出；再成而灭商；三成而南；四成而南国是疆；五成而分，周公左，召公右；六成复缀以崇。"成排的队伍齐步而挥舞戈盾。它是一种有道具、化装、音乐、歌唱，叙述故事的历史剧。

商代有倒夏拓疆的赫赫历史，也有与洪水奋斗的艰辛历程，肯定会编成乐舞加以表扬，以之享祭祖先的。不用说，这种含有夸耀及镇吓、说教意味的乐舞是舞蹈的最初目的，是种政治的手段。故周代把乐舞纳入教育的项目，想以音乐的德行去教育学子。

上古的人们只顾谋求生活，较少思及以有意识的行动，来让自己或别人欢乐。对一个国家来说，在古代没有比"祀"与"戎"更为重要的事。古人于生产劳动之外，参与祭祀与军事的活动就成为生活上的重要行事。所以与此有关的活动最容易演变成娱乐的项目。手舞足蹈是情绪的自然反应，音乐节其拍而歌唱则叙述内容。礼仪如无宴飨及歌舞助兴，气氛就太沉闷了。

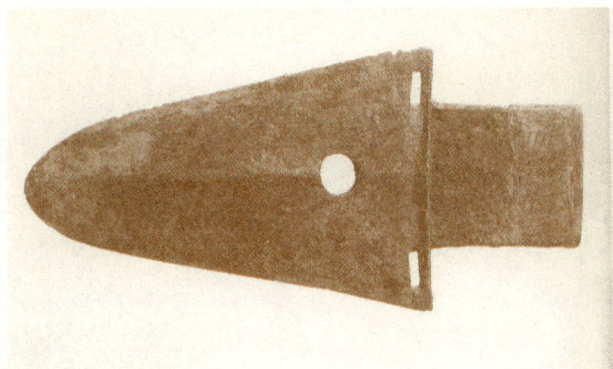

图一　三角形两穿援的青铜戈

长二十点五厘米

商代晚期，约公元前十四世纪至公元前十一世纪

图二

知识链接

《礼记》

　　《礼记》是中国儒家经典之一，是秦汉以前各种礼仪论著的选集，也叫《小戴记》或《小戴礼记》。有《曲礼》《檀弓》《王制》《月令》《礼运》《学记》《乐记》《中庸》《大学》等四十九篇。其内容主要包括中国古代关于礼乐的一般理论和礼乐制度。

　　《礼记》是"三礼"之一，也是"十三经"之一，是研究中国古代社会、文物制度和儒家学说的重要参考书。

shì

市

标明市场所在的标识形。

字形变化

商甲骨文	
↓	
两周金文	
↓	
秦小篆	
↓	
现代楷书	市

制造工具以适应生活的便利，在远古的时候本是人人的业余工作。但随着要求工具精良的愿望提高，就有越来越多的人专门从事精选材料，研习制造技术，制造特定的器物以与他人交换所需之物，而为谋生之道。其变化首先是在本族内的分工，因材料取得难易等因素，慢慢演变为一个部族专门从事某样工作。譬如说有些部族专心种植稻、黍等农产品，有些则专门制造石斧等手工艺品。分工则生产不平衡，为了适应生活的需要，部族与部族之间就得相互交换多余的产品。这种物品交换就是初期的商业行为。

商业的行为使人们接触的领域扩大，器用精良，文明的程度也跟着提高。从旧石器时代就有石器制造场，很可能也就有了商业性的行为。不用说，开始的时候社会分工不细，交换的种类只限于生活需要的，而自己不能制作的少数东西，或附近没有生产的材料及装饰物。石材是远古最有用的材料，故成为古代最常见的交换物资。

初期的交易通常是偶然、不定期的，可能有时候约定一个暂时的地点，在有限的时间内做完交易，就各自回到自己的地方。远古时候没有私人财产，交易原先是部族之间的事。家族之间也可能交换礼物以巩固友谊。一旦演进到有私人财产的时代，当然交易就会推广到个人之间了。同时，商品的制作也越来越专门。

一般说，定居的生活比之游牧更需要从事交易。游牧的活动范围广，比较易于采集到所需要的材料。交易的地点宜在人们经常聚会之处。后世建有村邑时，井为众人取水、洗涤的场所，是大众经常见面聚会的地方，是成立市场的好地点。很多地方的水井处就发展为市场，故有"市井"之词。在未聚集成村邑的时代，人人取水的河滨大概就是交换物品的所在。传说首创市场交易制度的人是神农氏。《周易·系辞下》有"神农氏……日中为市，致天下之民，聚天下之货，交易而退"。

神农氏的时代，如不取传统的公元前二千七百年，而以其时的社会背景估计，应有七八千年以上的历史了。那是农业刚发展不久，生活简单，社会分工尚粗陋的时候。不但交易的数量及种类不多，活动的范围也有限，难于从遥远的地方交换到稀罕的物品，所以难从考古遗物看出交易的痕迹。但是从遗址中发现邻近地域不出产的某些石材或海产贝壳，就可确定那是交换得来的。

东周时代的市场已与居住区域分开，有专人管理，宣示开市与收市的时间，不到指定的市场进行交易就要受到处罚。《周礼·司市》有"凡市人，则胥（xū）执鞭度守门，……上旌（jīng）于思次以令市"。注释说："上旌者，以为众望也，见旌则知当市也。思次，若今市亭也。"要高高升起某种标识让远方的人知道已开市，甲骨文的"市"字大概就是标明市场所在的一种标识（ ），高杆两旁的小点大致是后来添加的无意义装饰符号。开市有一定的时间，传说神农氏时代以日中为市，这时大家都已工作回来而吃完早饭了，有闲暇可以购物。甲骨卜辞的时间副词"市日"，大概就是中午前后的时间吧。

mǎi

买

网到海贝，可从事商业买卖。

◆ 字形变化 ◆

商甲骨文

两周金文

秦小篆

现代楷书

买

　　人类使用工具后，不但能从事超越本身体能的工作，也改善了获取原料的效果，从而提高生活的水平。生活水平的提高转而又刺激改良工具的要求。结果，工具越精良，生活越见改善，文明的程度也跟着越见提高。但有些物资不是随地皆有，受限于地域，就要通过交换取得。人类一向喜爱、宝贵罕见之物，因此交易的范围与品类也越发增大，终成不能缺欠的商业行为。

　　在使用货币以前，交易是以货易货的方式进行的。交易的货品虽因地而异，但主要的应该是工具、原料或食物。周

初的《易经》，其旅卦①、巽（xùn）卦②有"得其资斧""丧其资
斧"，稍后的青铜器《居簋》有"舍余一斧""货余一斧"的
铭文，即反映其时以石斧或铜斧等工具为交易货物的时代背
景。斧头在古代是一种很实用的工具，可用以砍树、挖土，
也可充当武器。好的石材并非到处都可以取得，故质料良好
的石斧是人们普遍希望交换得到的东西。

小篆的"质"字由二"斤"和一"贝"组成（贅）。甲骨
文的"斤"字，是一把装有木柄的石斧象形（𣂤）。甲骨文的
"贝"字，描绘贝类腹部的形状（𤕨𤕨𤕨）（参考图一），那
是来自中国南方的海岸，北方人们作为装饰品的珍贵东西。
所以"质"字的创意，看来是以两把石斧交换一枚海贝。前
者是日常必需品，后者为远地的稀罕物资。

中国地区发现的海贝生产于印度洋及南海岛屿附近的暖
水域。其外壳坚硬细致，有美丽色彩及光泽，令人喜爱。尤
其是其个体轻小而均匀，长度一般是二厘米上下，易于收藏
和携带。它不易败坏，可穿连成美丽的饰物。由于它不是轻
易可以到手的东西，在华北就广被接受为有价值的东西，因
而在文字中用以代表交易及贵重的事物。一枚小海贝可以交

---

① 旅卦：《易经》六十四卦之一。
② 巽卦：《易经》六十四卦之一。

换到两把石斧，可见其价值之高。在非洲的内陆，海贝甚至是酋长必须拥有的东西。非洲的赞比亚迟至公元一八五五年，二枚海贝价值一个奴隶，五枚海贝价值一整只象牙。

商代早期的海贝流通量不多，只能当作贵重物品，难于当作市场小量的日常交易货币。由于海贝数量少而价值高，商人就制作仿海贝形状的铜贝或骨贝作为随葬物品，珍贵或镇邪的意味大于金钱的价值。

海贝既为人们所喜爱，可用来交换需要的东西，具有人人愿意接受的通货之实，故在文字中，海贝常是与价值或商业有关的字的构成部分。如甲骨文的"买"字，作以渔网捕捞到海贝之状（🐚）。贝可以购买需要之物，故以之表达买的意义。"得"字作手中持有贝之状（🐚）。有时附加行道的符号（🐚），大概表示在众人行走的道路上拾获了他人遗失的海贝，大有所得的意思。"败"字则作两手各拿一枚海贝相互敲击之状（🐚），或以棍棒敲击海贝之状（🐚）。海贝一旦被敲碎了，其价值就不存在，没有比之更糟糕、更败坏的事了。"宝"字则作房屋之中贮藏着海贝及宝玉之形（🐚）。两者在当时都是很贵重的东西，故以之表达宝贵的意义。宝贵的东西要特意贮藏以免遗失，"贮"字就作海贝贮藏于柜中之状（🐚）。诸种物品中特地选择海贝表达贮藏的意义，可见海贝是物品中非常珍贵的。

图一　磨掉背部的海贝

长二点二至二点五厘米，宽一点七至一点九厘米，厚零点六厘米

约公元前五五〇年

知
识
链
接

易经

又称《周易》或《易》。儒家经典之一。内容包括
《经》和《传》两部分。《经》主要讲六十四卦，一卦又
分六爻，共三百八十四爻。《传》主要是对卦、爻所做的
解释和说明，是对《经》最早的解说，包括：《彖》上
下、《象》上下、《系辞》上下、《文言》《序卦》《说
卦》《杂卦》，合称《十翼》。

有人也将《周易》视作推天道以明人事的哲理书，
书中提出的阴阳刚柔、运动变化等朴素辩证观念对以后
中国哲学有着深远影响。

fù

父

手持石斧的劳动者，借为亲属称呼。

◆ 字形变化 ◆

商甲骨文

两周金文

秦小篆

现代楷书

父

　　甲骨文的"父"字作一手拿着石斧之状（✑），斧头已简化成一直线。金文的字形就很传神，斧头作上锐而下圆之状（✑）。人伦的意义很难用图画表达，故借用同音的字，后来为了与本义区别，就加上有柄的石锛形（✑）的"斤"字而成为"斧"字。

　　以石斧的形象作为父亲使用，有人以为是具有特殊意义，认为石斧表示男性对女性，或父亲对儿女的权威。其实，它可能只表示源自新石器时代的两性分工而已。石斧是那时代用以砍树、锄地的主要工具，甚至到青铜时代的早期，仍旧是男子工作的主要工具。使用石斧的时代主要是母系氏族的社会，那时还没有对等的婚姻制度，子不知其父，由母亲负起养育的责任，能有效地控制子女的劳动成果。那时财产的继承权是经由女性，男子并不特别尊贵。孩子称呼母亲的多位伴侣或兄弟为父，只因他们是劳动力成员，并不含特别的可亲或可畏的成分，更谈不上权威的问题。商代也还未分别亲父与叔、伯、姨、舅等父的关系，一律称之为父。到了周代，其分别才逐渐确立。

人类之所以体能比不上很多野兽，却能成为万灵之主，其最重要的原因是能利用自然的材料来制造工具和武器以猎取野兽、种植作物，适应生活的需要。自然界里最多、最容易被人们利用的素材大概要算木料和石头。捕杀野兽，石头远比木料有效，因为石头厚重而坚硬，才能给予野兽致命的伤害。破裂的石块有锐利棱角，也是理想的切割工具。它便利砍伐树木，剥取兽皮，以增广可资利用的生活素材。

有锐利棱角的石块可当致命的攻击武器。当一二百万年前人类懂得打裂石块以制作工具时，就进入了旧石器时代。甲骨文的"石"字就表现了人类着眼于有棱角的锐利石块的使用，作有锐利边缘的岩石之一角形（ ）。古人以石器挖掘坑陷以捕捉野兽，避免直接与野兽对抗的危险，就加一坑陷之形，以表达石器用于挖掘的用途。一旦进步到磨制更为称手、更有效的工具，就进入新石器时代。磨制的石器使形状更合理想，用途趋向专一，增强刃的锋利度，减少使用时的阻力，可发挥更大的作用。中国大致在一万多年前就进入了新石器时代。

石器的制作从矛、镖（biāo）、镞等武器开始，渐及生活所需的切割、刮削器，方便农耕的锄、铲、刀、镰，最后为地位表征的斧钺、圭璋①、璜佩等。在青铜器发明前，使用最多的工具是石头的斤与斧。斤的切面是横的，斧的切面是直的。甲骨文与金文的字形，表明石斧原先不装柄，直接拿在手中使用。但这样，打击时的反弹力容易伤到手掌，故而改善成装柄使用。图一这件全体磨制得非常规整的石斧有使用过的耗损痕迹。石斧早先是直接装柄，后来才改进挖小圆洞，用以加强捆缚的强度。这一件从两面对钻，属早期的钻孔技术。从尺寸看，是装短柄而单手使用的。

---

① 圭璋：一种玉制礼器。

图一 磨制石斧

长十四点九厘米

青莲岗类型，约公元前三三○○年至公元前二五○○年

xiào

孝

老人以手搭在小孩头上之状，表现慈爱之意。

◆ 字形变化 ◆

两周金文

↓

秦小篆

↓

现代楷书

孝

　　从西周时代开始，中国就有一个很重要的教育主题，即孝道。孝道也是儒家治国平天下的一个很推崇的功夫。"十三经"中有《孝经》，历来很受帝王的重视。从《论语》可以看出儒家所谓的孝道包含甚广。对于亲长，不但生前要奉养，秉承其志，就是人死了，也还要不改其志。一个人如在家里绝对服从尊长的指示，到社会上自然也不敢犯上作乱，当政者比较容易管理，故为政治家所喜爱。

　　尽孝道是周代铜器铸造的一个很重要目的，是周王室强调宗法制度的一个措施。东周时代王室的控制力衰退，铸造铜器时就不再强调孝道了。西周铜器铭文所要尽孝的对象是前文人、神灵、祖考、大宗等已过世的神灵，还有宗室、兄弟婚姻诸位老辈等在世的人。孝的范围由对祖先的崇拜扩充到善事父母，再从善事父母扩充到友爱兄弟、供职的长官。孔子学派对于孝道的阐述，可以说就是源于封建社会要求子弟绝对服从长上的教育。

　　孝是人类社会为达到某种目的而发展起来的抽象概念，那么"孝"字是基于何种事物而创造的，也不失为有趣的问题。"孝"字首见于金文（ 𡥋𡥚𡥙𡥕 ），由两个构件组成，"老"（ 𦣻 ）与"子"（ 𡿕 ）。"老"（ 𦣻 ）是描写一位长头发而持拿拐杖的老人。脚的老化是老人第一个察觉到的现象，开始要借用拐杖走路，所以用人持杖走路表达年老的意义是很容易了解的，在学术界没有什么异议。"子"（ 𡿕 ）则是一个出生不久，两脚被衣物包裹起来的小孩形象。这时小孩头的比例比一般成人大得多，所以把大头的特征表明出来。这个解释学界也没有异议。但是一个老人和一个小孩，如何得出孝顺的意义呢？

　　"孝"绝不是个形声字，因为"老"与"子"的读音都和"孝"的读音不同类，所以一定是表意的字。从字形看，"老"与"子"的位置有一定的配置，不可以随意地书写、变更。看来"孝"的各个字形都表现出老人以手（连手指都画了出来）搭在小孩子的头上之状。

　　字典里有个"拐子头"的词，解释是"小孩，因老人需孩子扶行，其作用如同拐杖"。老人要扶着孙子的头走路，一来借以保持身体的平衡，二来也可能表现老人关怀孙儿之情。三四千年前应该也有这样的需要，让老人有个孙儿可以解闷、做伴。看来"孝"字没有其他的创意。商代还没有"孝"字，恐怕是因为孝道势在必行，没有向鬼神请教要不要孝顺谁的问题，所以不见于卜辞，而不是商代的人不讲求孝道。

dào

盗

一人见食物于皿中，馋涎下滴，想偷偷尝食。

◆ 字形变化 ◆

两周金文　　　　　　　　　　盗（金文字形）

秦小篆　　　　　　　　　　盗（小篆字形）

现代楷书　　　　　　　　　盗

　　在讲解"盗"字的创意之前要先叙述一个故事，出自《春秋左氏传》宣公四年的记载。楚人向郑灵公进贡鼋（yuán）鳖（biē）的土产，当时贵族的子弟子公与子家将要去晋见郑灵公。子公的食指突然颤动起来，子公将颤动的食指举给子家看，并说："以前我的手指头这样颤动的话，就表示会尝到有特别滋味的食物。"两人将要进入宫殿的时候，看到厨师正在处理鼋鳖，就相视而会心大笑。郑灵公询问这两个人嬉笑的原因，子家就报告刚才的情景。到了要大夫们品尝鼋羹的时候，郑灵公存心开个玩笑，竟然故意不招待子公吃鼋羹。子公大为生气，就用手指伸进煮鼋羹的鼎锅里，蘸点汤汁往口里尝了一下，然后气冲冲地急走出去。

地下文物出现过"盗"字的，目前最早的见于春秋时代的铜器铭文，由次及皿组成（）。《说文解字》的解释，意义是"私利物也"，创意是"欲皿为盗"。重点在于偷盗的人喜欢上这件器皿。这种解释可能有点偏离真正的创意。"次"是现在的"涎"字，"羡"的字源，表现一个人张口而口水向下直流之状（）。另一个相似的"次"字（），作开口说话时把唾沫或饭屑喷出口外，不是可嘉许的行为，故有次①等的意义。如果"盗"的创意只是来自想要偷取盛放食品的皿，实在没有必要把流口水的重点表现出来。"盗"字的重点是私下地，或在不为人知的情况下做某件事。我们在生活当中，常常有见到美食，口中不自禁地分泌出唾沫的经验。如果偷尝一口还不会影响整道美食的内容或形象，有些人就会做出偷尝一口的解馋行为。我想这才是要把流口水表现在"盗"字创意中的原因了。

子公赴宴时，不知已坐定了没有，史书没有写得那么详细。古代设宴，一向也摆设筷子与汤匙，但那是作为从羹汤中把菜蔬拿出来的工具，所以《礼记·曲礼》说"羹之有菜者用梜（jiā）"。梜是木制而可夹物的器具，即今天的筷子。

① 次：这里是形容这种行为不好，不优等。

152

古代的很多匕在底部有多个小孔洞，就是用以滤干菜蔬、鱼肉，使不多带汤汁的。中国虽然重视食物温热的味道，但不是很烫，习惯用手指取食，所以说"饭黍毋以箸"。因此饭前与饭后都要洗手。殷勤的主人还会亲自倒水给客人洗。《礼记·内则》就有叙述："进盥，少者奉盘，长者奉水，请沃盥，盥卒授巾。"所以就算子公已坐定了，筷子和汤匙也不是提供来取食与喝汤用的，所以子公才用手指伸进鼎里，蘸取一点鼋羹的汁液，尝试其美味。

中国古时以小米为主粮，饭的颗粒小而又松散，如用筷子夹取，很难不会掉落。只有捧碗就口，用筷子扫进口里，才会吃得干净利落。但若要用单手捧饭碗就口，容器就得做得轻而小。但商周的时代，送食进入口的豆都做得颇重而大，难于单手捧着。而且豆有高长的独脚，显然也不是为捧在手中而设计的。到了西汉初期，才大量出现没有支脚的，或短圈足的平底小圆碗。显然是配合以筷子吃饭的新风气而设计的新形式。我们大概可以肯定西汉习惯使用筷子吃饭了。

图一　阳信家铭青铜染炉，用以温热耳杯里的蘸酱汁

高十点三厘米

西汉，公元前二〇六年至公元二十四年

qīng

卿

卿士相对跪坐以进食之状。

◆ 字形变化 ◆

商甲骨文

两周金文

秦小篆

现代楷书

　　物质文明越发达的地区，对于用具的选择就越讲究。果腹这件人生大事，人们起初只担心吃不吃得饱。渐渐就讲究起饮食的气氛，用具包括质量、形制、数量、陈列形式的选择，其他如进食地点的舒适、空气的流通、灯光的明亮，乃至进食的次序、礼仪，以及歌舞的助乐等，都马虎不得。在正式的餐宴里，穿鞋袜上堂还是极大不敬的事。

　　中国对于宴飨的各类器具甚为讲究，各有用途。图一的进食器具是豆，基本造型是有高圈足的深腹圆盘（豆）。高圈足是为了配合贵族跪坐的习俗而设计的。中国新石器时代的豆，以陶制的为主，起码可以追溯到四千年以前。应该还有很多竹、木等质材制作的，但都腐化不见了。到了商代，开始有以铜铸造的，但是数量不多，想来不是大众日常的用具。

豆起先不设盖子，到了战国，高级的铜豆就普遍有盖子了。豆的盖子可倒置而另成一件容器，纽就成为足。圈足的底部是平的，有些则为透空。有的还在器身近口沿处设有两个环耳，以便提拿。豆为进食之器是可肯定的，《诗经·小雅·宾之初筵（yán）》有"宾之初筵，左右秩秩。笾（biān）豆有楚，殽（yáo）核维旅。酒既和旨，饮酒孔偕"。意思是宾客开始就席，左右揖拜很有秩序。笾豆很鲜明，菜肴很丰盛。酒温和而甘醇，饮的人都很尽兴。食器只提及用以进食的豆。春秋、战国铜器上的饮宴图纹（图二、图三），也表现以豆进食。后来的豆配有盖子，其主要功能可能不在于保持食物的温热，而是与当时的饮食礼仪有关。先秦文献谈及宴会时有傲气、不愉气、失位、失坐、失态等失礼的行为，讲究用食的仪态。

贵族跪坐于席位而进食的情景表现于以下几字。甲骨文的"卿"字，作两个贵族相对跪坐以进食之状（👥），表明主人与客人相对而坐的正规礼仪。此字有两个引申意义，一是相向、面向，一是宴飨。可想见其意义与用餐时主与客必须面对而食的习惯有关。

甲骨文的"即"字，作一人跪坐于食物之前即将进食之状（🔲）。"既"字则作一人已进食完毕，转头表示不再进食（🔲），故用以表示已完成的时态。在古代，站立或蹲坐进食会被认为不雅观，是贵族所不为的。若饮酒，则视场所而不妨站立。跪坐的姿势要端正。主客、长幼的坐位方向也有一定的规矩，不能随意，座席也要安放在适当的位置。故《论语·乡党》中有"席不正，不坐"之语。

　　甲骨文的"次"字，作跪坐的人张口而有东西溅出之状（🔲）。《论语·乡党》中有"食不语"之句。想来吃饭时说话，以致唾沫或饭屑喷出口外，不是可嘉许的行为，故有次等的意义。《礼记·曲礼上》提到打算入口的饭不要放回食器、咀嚼时不要发出声响、不要啃骨头、吃过的鱼肉不要放回去、不要把骨头投给狗啃、不要专吃某样东西、不要挑起饭粒以散热气、进食时不要剔牙齿、不要自行调和羹的味道等很多贵族饮食的礼仪守则。要做到以上礼节，就要有容器暂时放置吃剩的渣余。豆的盖子设计如另一件容器的形式，很可能就是为了放置渣余用的。商代的卿士虽然讲求对坐进食的礼节，铜豆还不见有盖子的设计，想来还没有讲究到这样的地步。

图一 商代进食的用具——豆

（左）白陶，高十四厘米，口径二十二点五厘米

（右）青铜，高十三点四厘米，口径十五厘米

商代，公元前十六世纪至公元前十一世纪

图二 春秋时代铜壶上的食案与酒器图纹

图三 战国铜杯上的宴乐图纹

知
识
链
接

孔子的饮食之道

　　《论语》一书记录了孔子及其弟子的言行，其中《乡党》记载了孔子日常生活的方面，也包含孔子对于饮食之道的一些看法。

　　《论语·乡党》记载："食不厌精，脍不厌细。食饐而餲，鱼馁而肉败，不食。色恶，不食。臭恶，不食。失饪，不食。不时，不食。割不正，不食。不得其酱，不食。肉虽多，不使胜食气。"意思是说，在饮食上，要吃得尽量精细，变质、变色、变味的东西不吃，烹饪得不好的东西不吃，不到吃饭的时间不进食，切得不好看的东西不吃，调味品不好的不吃。肉的种类虽然多，但不能过量食用。

xiān

先

一足在一人头上, 跣之字源?
踏在他人头上或身上要跣足。

◆ 字形变化 ◆

商甲骨文

两周金文

秦小篆

现代楷书

先

　　在我们的生活习惯中，表达时间先后的时机是经常存在的，若要创为文字，应该如何让别人容易了解，是种必要的考量。商代的甲骨文以"先"字表达时间副词的"之前"，作一只脚踏在一个人的头上之状（），后来在脚与人的头部之间加一横画（），大概强调脚所踏之处，所以被分析为从儿与之两个构件。脚在人的头上到底表达了什么意义，实在不容易理解。"先"字的初义，有可能是跣，赤脚，"足亲地也"。创造此字的情景有可能是，以肩膀让人踏之以登上高的地方。如果脚上穿有鞋子，肯定就会弄脏此人的身体或衣物。这时候脱下鞋子，以赤脚登上就可以免除这个缺点，所以赤脚（后代只穿袜子也可以叫跣）就用它来表达。

以赤脚表达先前的意思可能来自语言的假借，假借同音的字去表达，但也可能来自赤脚是从事某事之前的必需动作。到底古人的生活中，有什么事需要事先脱掉鞋子呢？保持庙堂等庄严所在的干净是很多社会都有的习惯。中国古代贵族有跪坐于草席之上的习惯。如果穿鞋子而坐上席子，就会脏污席子，对自己和他人都会造成不便，因此有脱去鞋袜的要求。《礼记·曲礼》："侍坐于长者，屦①（jù）不上于堂，解屦不敢当阶。"说明上堂之前要有脱鞋子的情况。

甚至在某些场所，若不连袜子也脱去，就被认为是种大不敬的行为。《春秋》哀公二十五年就记载，卫侯在灵台设宴与诸大夫饮酒。褚师声子穿着袜子而登上座席，惹得卫侯大为愤怒。褚师托词说他的脚有毛病，如果让人看了，有可能使看到的人把吃下的东西给吐出来。卫侯听了解释后更为发怒，把褚师给赶了下去，还比手势，咬牙切齿声言要砍断褚师声子的脚。可见事态的严重。

穿鞋袜毕竟是时代较迟晚的发展。之前，若要赤脚踏上他人的身体，就不单是脱去鞋子，而是要先洗脚了。甲骨文有个"前"字，大都做人名、地名使用，但也有可能已做时

---

① 屦：这里指穿着鞋子。

间副词，作一只脚在盆中洗涤之状（ ），或省去水点（ ）。所以"前"的本义是湔（jiān），"半浣也"，只洗脚，不洗其他的部分。"前"有前进、先前等意义，可能是音的假借，但更可能是做某事之前的前奏，那么也是登上干净的厅堂之前要洗脚的习惯吗？

上厅堂行礼或饮宴毕竟是少数人的行为，一般的民众，洗脚可能是为了另一件事。六千多年前的半坡遗址，一般住家的面积已有二十平方米，有足够的空间在里头做饭。在屋里烹烧食物，不免会产生烟灰等不洁之物。睡卧的地点就要特意加以拂拭①打扫，否则会脏污衣服。因此甲骨文表示睡觉地点的"寝"字，就作房屋之中有一把扫帚之状（ ）。那么洗脚不就成为睡觉之前必要的动作了吗？

图一这件执灯仆佣青铜墓俑，身穿交领右衽的单薄长袍，和秦汉陶俑常见的内有厚重内衣的形式很不同，它可能是室内的穿着，或是夏季的服装。图二是春秋时期的玉雕灯座，此仆佣也一样打赤脚，应该是在宴会中服务的情景。东周时代的人们已普遍穿鞋袜，上厅堂只脱鞋子，但享受饮宴就要连袜子也一并脱去。

---

① 拂拭：擦去尘土。

图一 青铜执灯墓俑

高二十六点七厘米，东周，公元前五世纪

图二 春秋时期的玉雕灯座

guāng

光

一人头顶灯火而有光。

◆ 字形变化 ◆

商甲骨文

两周金文

秦小篆

现代楷书　光

　　《说文解字》："凭，明也。从火在儿上。光明意也。燊，古文。灮，古文。"室内的照明措施是文明标志之一，它的使用表示人们有相当多的夜间活动。在野蛮状况下，人们最重要的活动是寻找食物，太阳一下，天黑了就去睡觉，以便次日早起寻找食物。房子只是晚上栖身及遮蔽风雨之用，夜间照明是没有什么意义的。后来发展到在屋内烧煮食物，人们在屋里的时间加长，就有必要再开个通风、照明的开口。最先利用的是导引月光入窗照明，在没有月光的夜晚也可利用火光。随着文明程度的提高，夜间的活动相应增加，以火照明的作用就越发重要了。

商代的甲骨文虽不见灯烛的字样，但从甲骨文的"光"字作一跪坐的人，头顶上有火焰之状，可以证明其时的人们已知使用灯火照明。因为火焰不能用头顶着，顶着的必是燃油的灯座。商代的灯光大半微弱，而且有黑烟。因为甲骨文的"幽"字，作一火与两股小丝线之状，以表现火烧灯芯，光线幽暗之意。推测当时所用的燃料大半是植物油。古时没有什么家具，为了避免受烟熏烤，就得与光源保持适当的距离。而以头顶灯，人体就像灯座，不但要较手捧着稳定，也照得广远。对有跪坐习惯的中国人来说，以头顶灯是颇为实用的方法。

但是地下的考古发掘，并不见商代有专用灯具的出土。这种矛盾大概可以从两方面来看，一是商代夜间的活动只限少数的贵族与有限的时机。所以商纣做长夜之饮，才会被视为荒淫无道。另一是古代的瓦豆叫登，人们临时借用陶登点火，故后来取名为镫或灯。瓦登于点完火后又恢复其盛饭肴的功能，难为我们察觉它曾一度用以照明。

专用灯具始自战国时代，此时由于铁器的大量使用，生产力大为提高，整个社会面貌起了大变化，可以想象生活内容渐渐丰富，贵族的夜间活动大为增加，点灯从事生产也划算，都有使用专门照明用具的必要。战国的灯座大都很朴素，至多把底座铸成人物、鸟兽形，或嵌镶金银以增饰，或增多灯盏以增光明而已。到了汉代，许多灯盘已具有可供系绑灯芯或插蜡烛的尖钉。为了解决烟熏的缺点，到了汉代，便加上管道，让烟随着管道沉入有水的底座以化解污染。并且灯盘上也装有可开阖旋转的门户，便利行走时控制光的方向，以及防止灯火被风所吹灭。

图一　青铜树形灯座

高七十九点七厘米

东汉，公元一世纪或二世纪

著作权合同登记号：图字 18-2022-092

图书在版编目（CIP）数据

文字小讲：青少版. 汉字里的古代博物 / 许进雄著
. -- 长沙：湖南文艺出版社，2022.10
ISBN 978-7-5726-0874-2

Ⅰ．①文… Ⅱ．①许… Ⅲ．①汉字—青少年读物
Ⅳ．① H12-49

中国版本图书馆 CIP 数据核字（2022）第 175661 号

上架建议：少儿读物

WENZI XIAO JIANG：QINGSHAO BAN． HANZI LI DE GUDAI BOWU
文字小讲：青少版. 汉字里的古代博物

著　　者：许进雄
出 版 人：陈新文
责任编辑：刘雪琳
策划编辑：文赛峰　温宝旭
特约编辑：何思锦
营销支持：付　佳　杨　朔　付聪颖　周　然
版权支持：张雪珂
装帧设计：梁秋晨
内文绘图：知否工作室
封面绘图：知否工作室
内文排版：金锋工作室
出　　版：湖南文艺出版社
　　　　　（长沙市雨花区东二环一段 508 号　邮编：410014）
网　　址：www.hnwy.net
印　　刷：三河市中晟雅豪印务有限公司
经　　销：新华书店
开　　本：680mm×955mm　1/16
字　　数：108 千字
印　　张：11.25
版　　次：2022 年 10 月第 1 版
印　　次：2022 年 10 月第 1 次印刷
书　　号：ISBN 978-7-5726-0874-2
定　　价：39.80 元

若有质量问题，请致电质量监督电话：010-59096394
团购电话：010-59320018